BAUSTEINE
für Musikerziehung und Musikpflege

BAUSTEINE
FÜR MUSIKERZIEHUNG UND MUSIKPFLEGE

SCHRIFTENREIHE

B 33

KURT HOFBAUER

Praxis
der chorischen Stimmbildung

SCHOTT

Mainz · London · New York · Tokyo

Bestellnummer: B 33

©   B. Schott's Söhne, Mainz, 1978
Printed in Germany · BSS 44395

ISBN 3-7957-1033-2

INHALTSANGABE

VORWORT

Die Ausbildung einer Stimme ist ein sehr schwieriges Unterfangen. Sie erfordert diffizilste Feinarbeit, viel Wissen und viel Erfahrung. Das Ziel ist die technisch wohlfundierte, von allen "Schlacken" befreite, zur vollen Entfaltung gebrachte Sängerstimme. Das erfordert jedoch jahrelange Einzelarbeit und ein hohes Übungspensum.

Innerhalb der chorischen Stimmbildung ist dieses Ziel nicht zu erreichen. Ihr Ziel muß sein:
- der flexible, in allen dynamischen Schattierungen homogene Chorklang,
- der Chorsänger, der allen Anforderungen, die das Chorsingen an ihn stellt, gewachsen ist,
- die Gesunderhaltung der Stimmen.

Daraus ergeben sich als Aufgaben:
- die Korrektur grundlegender Fehler beim gesamten Chor wie beim einzelnen Chorsänger, wobei sich diese Fehler in drei Bereichen zeigen können:
  a) im körperlichen Bereich,
  b) im Bereich der Atmung,
  c) im Bereich der Stimme;
- die Arbeit an der Verbesserung (im Sinne von Weiterbildung) der drei Bereiche,
- die Betreuung der Stimmen.

Der Arbeit an den drei oben angeführten Bereichen dient der Hauptteil des Buches: "Über die Haltung", "Über die Atmung", "Über die Arbeit an der Stimme". Jedes dieser Kapitel zerfällt in einen informativen Teil, der dem Leser das bietet, was zum Verständnis der Materie und der Zusammenhänge unbedingt nötig ist - zur Weiterbildung dienen Literaturangaben - und in den umfangreicheren Übungsteil, in dem die Übungen kurz beschrieben sind und Übungsgesichtspunkte (Ü.G. abgekürzt) sowie bei den schwierigeren Übungen Illustrationen Hilfe zur richtigen Ausführung geben sollen. Immer wieder wird der Leser auf "Vorstellungen" stoßen, die er nachvollziehen soll. Vieles in der Stimmbildung läßt sich am besten über derartige Vorstellungen erarbeiten; je zahlreicher und treffender sie sind, desto besser wird das Ergebnis sein.

Der vierte Teil: "Über die praktische Arbeit" umfaßt Anregungen zur Chorarbeit, zur Arbeit mit Kindern und behandelt spezielle Themen der Stimmbildung, wie Mutation, Brummer u.a.m.

Bei allem war ich bestrebt, vom Natürlichen auszugehen und zu dem von der Natur Gewollten hinzuführen. Besonders die Übungen zu Haltung, Atmung und Artikulation wollen versuchen, die so oft verlorengegangene Harmonie im Menschen wiederherzustellen, die für das Selbstbewußtsein, für das Verhältnis zum Mitmenschen, für jede Aussage und Gesprächsführung von so wichtiger Bedeutung ist. Diese drei Bereiche sollen daher als große Einheit gesehen werden, in der eines aus dem anderen hervorgeht und eines das andere bedingt.

Das Buch wendet sich in erster Linie an Chorleiter, dann an die Musikerzieher an den Schulen und darüber hinaus an jeden Singenden.

Kurt Hofbauer

Wien, im Januar 1978

ÜBER DIE HALTUNG

Das Instrument des Sängers ist nicht die Kehle, nicht der Kopf, sondern der ganze Körper; daher muß dieses "Körperinstrument" in Ordnung sein, wenn von ihm eine bestimmte Leistung erwartet wird.

Was heißt "in Ordnung"? Wohl so, wie es von der Natur konzipiert ist. Dabei hat die Wirbelsäule wesentliche Aufgaben zu erfüllen:
- die Trägerfunktion des Körpers, der Extremitäten, des Kopfes;
- durch ihre Skelettmuskulatur helfende Unterstützung der Atmung.
  Sie hält bei beiden Atemvorgängen den Brustkasten als schützenden Rahmen für die in seinem Innern sich abspielenden Vorgänge hochgestellt, hält Kopf und Hals so, daß die Kehle gut eingehängt und der Luftdurchgang optimal gewährleistet ist, und versucht, bei beiden Atemvorgängen den Rumpf gerade zu halten;
- sie beeinflußt die Arbeit des Zwerchfells, weil die Zwerchfellschenkel an ihr tief hinunter verankert sind.

Eine weitere wesentliche Aufgabe bei der Körperhaltung kommt der Muskulatur zu. Ihr ist von der Natur die Aufgabe des Haltens und Bewegens der einzelnen Skeletteile übertragen. Eine Bewegung ist normal, wenn daran nur die Muskeln beteiligt sind, die die Natur dazu vorgesehen hat; sie geschieht dann unter geringstem Kraftaufwand und führt zu höchster Leistung. Es kann aber auch zu fehlerhafter Muskelarbeit kommen, zum Eingreifen nicht vorgesehener Muskeln; dabei kann wohl die Bewegung ausgeführt werden, aber nur unter erhöhtem Kraftaufwand. Ihr Ablauf führt zu Verspannungen. Diese können äußere Ursachen haben (Verletzungen, Erkrankungen) oder von innen herkommen, sind dann meist durch psychische Schwierigkeiten verursacht, die Haltung, Bewegung, Gesichtsausdruck und Atmung beeinflussen können. So gibt es Verspannungen oft an Stellen, an die man im Zusammenhang mit dem Singen gar nicht denkt: im Schulterbereich, Nacken, in den Armen, Beinen, Händen; oft ist es nur ein Daumen, der, beim Singen krampfhaft weggestreckt, seine Auswirkungen im Kehlbereich hat.

Die Leistungsfähigkeit eines Muskels hängt von seiner Spannkraft ab. Diese vergrößert sich bei richtiger Beanspruchung - kann also erübt werden! Sie sinkt mit dem Abnehmen der Beanspruchung oder durch falschen Einsatz. Die Spannkraft ist für den Singenden besonders wichtig. Sie beschert ihm die Elastizität, die Reaktionsfähigkeit, die Möglichkeit, blitzschnell abspannen zu können.

Zwei muskuläre Spannungen im Körper ermöglichen die Trägerfunktion der Wirbelsäule:

1. Die Längsspannung: Sie wird hervorgerufen durch die
langen Rückenmuskeln = die Rückenstrecker, die oberhalb des Steiß-
beins ansetzen, in starken Muskelsträngen beiderseits der Wirbelsäule hochlaufen und bis zur Schädelbasis reichen.

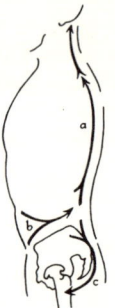

Abb. 1   Längs- und Querspannung

    a Rücken- und Nackenstrecker
    b Untere Bauchmuskulatur
    c Gesäßmuskeln

2. Die Querspannung: Sie ist eine Folge der Arbeit der Rük-
kenstrecker. Sie aktiviert die unteren Bauchmuskeln, etwa vom Gürtel abwärts, und gewisse Gesäßmuskeln, die das Becken etwas vorwärts drehen.
Diese beiden Spannungen können durch eine einfache Übung aktiviert
werden.

Übung 1:
Grundstellung; den Hals in streckender Bewegung aus den Schultern
rückwärts aufwärts ziehen, so daß der Hinterkopf die höchste Kör-
perstelle wird.

Abb. 2

Ü.G.: Das Kinn darf weder angehoben noch gegen das Brustbein zu
gesenkt werden, die Wirbelsäule darf in Kreuzgegend nicht nach vorn
nachgeben, sondern muß gut gestreckt bleiben. Die Schultern bleiben

10

locker, der Kopf ist auf der nun gestreckten Wirbelsäule nach allen
Seiten leicht beweglich. Zur Kontrolle die Arme heben, die Ellbogen
seitwärts abgewinkelt, die 3. und 4. Finger jeder Hand an die Halswirbelsäule legen, um die Bewegung zu spüren.
Bei richtiger Ausführung hebt sich der Brustkasten, die Körpermitte
tritt zurück, die beiden Spannungen werden aktiviert, die Wirbelsäule
trägt.

Sinkt die Halswirbelsäule wieder in sich zusammen, gehen augenblicklich die beiden Spannungen verloren, der Brustkasten sinkt abwärts,
die Schultern fallen vorwärts, der Oberkörper lastet mit seinem Ge-
wicht auf der Körpermitte, das Becken kippt vorwärts, die Bauchorgane treten etwas hervor. Es ist dies die kollabierte Haltung, mit der
der größte Teil der Menschen heute lebt.

Abb. 3   a natürliche Haltung   b kollabierte Haltung

Zu beachten: Wirbelsäule, Kopfhaltung, Brustkorb,
Bauchform, Becken

Viele Ärzte sprechen von einem besorgniserregenden "Haltungsverfall" der Jugendlichen, und die Ergebnisse der Untersuchungen (Schule,
Heer) geben ihnen recht.

Arbeiten die Rückenstrecker nicht, "sackt" die Wirbelsäule in sich zusammen und schert in eine der beiden Ebenen aus. Meist kommt es dabei zu einer abnormen Verstärkung der S-Krümmung der Wirbelsäule,
was einen Rundrücken mit Nackenkrümmung, eingefallener Brust, Hohlkreuz und nach vorne gekipptem Becken mit Hängebauch zur Folge hat
(Kyphose). Wird dagegen nichts unternommen, kommt es zu einer
F i x i e r u n g und V e r s t e i f u n g der Wirbelsäule in dieser anor-
malen Stellung.

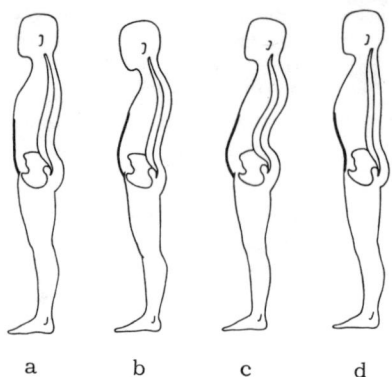

a   b   c   d

Abb. 4   a normale Haltung
             b Rundrücken
             c Hohlrundrücken
             d Flachrücken

             H. Wespi: Haltungstypen nach Schade

Durch das Zusammensacken der Wirbelsäule nähern sich die einzelnen Wirbelkörper einander und bedrängen die B a n d s c h e i b e n . Diese knorpelartigen, sehr elastischen Scheiben sind zwischen die einzelnen Wirbelkörper eingebettet, dienen sozusagen als Puffer und sind für die Elastizität der Wirbelsäule von großer Bedeutung. Durch das Aneinanderrrücken der Wirbelkörper werden sie entweder "zerrieben" oder aus ihrer Lage gepreßt - es kommt zum B a n d s c h e i b e n v o r f a l l ; beides sind schmerzhafte Prozesse.

Zunehmende Versteifung der Wirbelsäule bietet der S p o n d y l a r t h r o s e eine gute Angriffsfläche. Dabei handelt es sich um krankhafte Veränderungen an den kleinen Gelenken der Wirbelsäule, die zu schweren erstarrten Veränderungen führen können. Früher wurden vor allem alte Menschen davon befallen, heute weist ein großer Prozentsatz Jugendlicher erste Anzeichen auf.

Bei manchen Menschen ist an der Stelle, an der sonst die Dornfortsätze der Wirbelkörper gut gefühlt werden können, eine mehr oder weniger tiefe Furche, oft über die ganze Länge der Wirbelsäule, was der Elastizität der Rippen abträglich ist.

Bei allen stärkeren Deformierungen der Wirbelsäule ist unbedingt das Aufsuchen eines Arztes zu empfehlen. Für eine zielführende Therapie ist der Rahmen der chorischen Stimmbildung nicht geeignet.

12

Ziel der nun folgenden Übungen soll sein:
- das Aufrichten des Körpers zu der von der Natur vorgesehenen
  normalen Haltung;
- das Erhalten oder das Wiederherstellen der Elastizität der Wirbelsäule;
- das Erhöhen der Spannkraft der Muskulatur.

Um das zu erreichen, genügt nicht eine Viertelstunde Übungszeit im
Tag, sondern es müßte ständig daran gearbeitet werden, auch wenn
es unbequem ist. Nur dann wird sich - auch in vorgeschrittenem
Alter noch - Erfolg einstellen.

Zunächst ein paar allgemeine Bemerkungen zu der Ausführung der
Übungen: Die Ausgangsstellung, von mir als Grundstellung bezeichnet, soll, wenn nicht anders gefordert, die Haltung sein, die sich
bei Ausführung der Übung 1 einstellt (siehe dort); dazu sind die Beine
geschlossen, Schultergürtel und Nacken gelockert, die Arme hängen
locker herab.

Die Übungen sind unbedingt mit der entsprechenden Atmung auszuführen. Der Atem hat die Bewegung zu tragen! Grund-
sätzlich bedeutet jede Spannung Einatmung, jede Entspannung Ausatmung; daher ist jede Bewegung vom Körper weg mit Einatmung,
jede Bewegung zum Körper zurück mit Ausatmung verbunden. Der
Atem soll durch die etwas zugespitzten Lippen ohne Nachdruck
ausgeblasen werden. Die Einatmung erfolgt reflektorisch, d. h.
daß gar nicht daran gedacht werden muß; der Organismus holt
sich die benötigte Luftmenge von selbst. Das bedeutet, daß die Übungen immer mit einem Ausblasen des Atems beginnen sollen. Nach
der Ausatmung muß gewartet werden, bis der Atem von selbst wieder einfließt, und erst auf dem einfließenden Atem wird die Übung
neu begonnen. Die Übungen dürfen daher nicht zu hastig ausgeführt
werden. Die Einatmung soll nach Möglichkeit durch die Nase erfolgen,
ohne daß irgendein Schnaufgeräusch zu hören ist. Bei bewußtem Weiten der Nasenräume (Vorstellung: Erstaunen) läßt sich das Schnaufen
vermeiden.

Nicht ungeduldig werden! Haltungsschäden, aber auch Verspannungen und Verkrampfungen lassen sich nicht in kurzer Zeit beheben
oder lösen. Stellt sich anfangs ein leichter Muskelkater ein, ist das
ganz natürlich. Die Muskeln müssen sich erst an das neue Halten
und Bewegen gewöhnen. Ein wenig zuwarten und wieder beginnen!
Hat ein Chor nie Haltungsübungen gemacht, soll nicht abrupt damit
begonnen, sondern ein guter Einstieg gesucht werden, etwa: Rücken-
oder Schulterschmerzen bei einzelnen, Haltungskorrektur zur richtigen Atmung, Lösen von Verspannungen bei längeren Proben usw.
Der Chor muß von der Notwendigkeit der Übungen überzeugt sein.

Einzelne Übungen (Nr. 2, 3, 17, 18, 19) werden schwerlich im Rahmen einer Chorprobe auszuführen sein. Trotzdem habe ich sie hereingenommen, weil sie ein Chorleiter kennen und können soll, damit er sie im Bedarfsfall weitergeben kann. Gerade diese Übungen sind der Elastizität der Wirbelsäule besonders förderlich.

Vorsicht ist bei einzelnen Übungen für Personen geboten, die schwere Wirbelsäuleschäden, evtl. mit Bandscheibenvorfall, aufweisen. Auch da helfen diese und ähnliche Übungen, nur müssen sie zielgerichtet, wohldosiert und mit einzelnen ausgeführt werden, was den vorhandenen Rahmen übersteigt. Diese Fälle gehören zu einem speziell ausgebildeten Fachmann.

Haltungsübungen

Übung 2: (gegen Hohlkreuz und Rundrücken, für Streckung und Elastizität der Wirbelsäule)
Flach auf den Boden legen (ohne dickes Kopfkissen!), die Beine ausgestreckt, mit der Wirbelsäule nach Möglichkeit ganz auf der Unterlage aufliegen. Das wird zunächst kaum gelingen, in der Kreuzgegend wird sie abgehoben sein. Daher die Beine so weit aufstellen, bis die Wirbelsäule in ihrer gesamten Länge bis zum Ansatz der Halswirbelsäule auf der Unterlage aufliegen kann. Dann langsam die Beine ausstrecken bis zu dem Punkt, an dem sich die Kreuzgegend von der Unterlage abzuheben beginnt. Daraufhin die Beine wieder etwas anziehen und langsam strecken, bis sie sich durchstrecken lassen, ohne daß sich die Wirbelsäule in irgendeinem Bereich von der Unterlage abhebt.

Ü.G.: Beim Liegen den Hinterkopf herausziehen, d. h. die Halswirbelsäule strecken. Die Schultern liegen nach Möglichkeit auf der Unterlage auf. Die Arme liegen neben dem Körper; besser, aber auch schwieriger ist, sie in den Ellbogen abzuwinkeln und die Hände - Handflächen nach oben - etwa in Schulterhöhe zu legen.

Übung 3: (wie Übung 2)
Mit dem Rücken gegen eine Wand lehnen und versuchen, mit der ganzen Wirbelsäule Kontakt zur Wand zu finden. Mit den Füßen so weit von der Wand wegrücken, bis der Kontakt gelingt. Dann die Beine um kleine Stückchen näher zur Wand ziehen, ohne den Wandkontakt aufzugeben. Das Übungsziel ist erreicht, wenn die Beine fast bei der Wand stehen, ohne daß sich die Wirbelsäule in irgendeinem Bereich von der Wand gelöst hat.

Ü.G.: Hinterkopf hochziehen, Kopf nicht vorsinken lassen, Schultern zurücklegen, Becken ein wenig vorschieben.

Kontrollmöglichkeit bei den Übungen 2 und 3: Die kontrollierende Hand darf nicht zur gegenüberliegenden Körperseite durchstoßen können, besonders nicht im Kreuzbereich.

Abb. 5

Übung 4: (wie Übung 2, besonders für die oberen Teile der Wirbelsäule, Nacken, aber auch für Brustbein und Brustwirbel)
Grundstellung; die Arme hinter den Rücken geben, die Finger verschränken, den Hinterkopf gut hochziehen; Atem ausblasen. Mit dem Einfließen des Atems den Kopf weit in den Nacken zurücklegen, gleichzeitig die Arme gestreckt hinten hochziehen. Mit der Ausatmung wieder in die Grundstellung zurückgehen.

Ü.G.: Vor dem Zurücklegen den Kopf gut hochziehen, nicht auf den vielleicht vorhandenen Nackenwulst legen. Beim Hochziehen der Arme den Oberkörper nicht nach vorne abbiegen, ganz aufrecht bleiben; die Arme werden gut durchgestreckt. Beim Hochziehen der Arme kein Hohlkreuz machen, im Gegenteil versuchen, die Wirbelsäule in Kreuzgegend nach außen zu bewegen, evtl. durch Mithilfe des Beckens.
Bei Wiederholung der Übung die Hände umfalten, so daß der andere Daumen oben liegt; dann wird auf die andere Schulter ein stärkerer Zug ausgeübt.

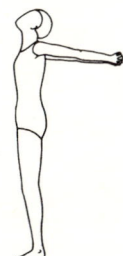

Abb. 6

Übung 5: (besonders für Halswirbelsäule und Nacken)
Grundstellung; den Hinterkopf hochziehen; auf einfließendem Atem
den Kopf weit in den Nacken zurücklegen und den zurückgelegten
Kopf zur linken Schulter zu bewegen; dort den Atem ausblasen; auf
der nächsten Einatmung den Kopf zur rechten Schulter rollen, ohne
ihn zu heben; dort den Atem wieder ausblasen.

Ü.G.: Beim Zurücklegen des Kopfes den Oberkörper nicht zurück-
lehnen, kein Hohlkreuz machen; beim Rollen des Kopfes darauf
achten, daß der Kopf nicht auf der Wirbelsäule gedreht wird und
nur Kinn oder Hinterkopf bei der Schulter liegen, sondern Bewegen
des Kopfes mit der Wirbelsäule; beim Rollen des Kopfes nicht die
Gegenschulter heben und sich freuen, wie tief unten man mit dem
Kopf schon ist; den Atem durch Impuls von der Körpermitte her
ausblasen.
Wird die Übung eine Zeitlang gut ausgeführt, ist die Reaktion die
Wirbelsäule abwärts bis in die Kreuzgegend zu spüren.

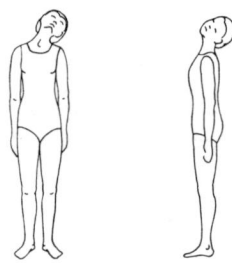

Abb. 7

Übung 6: (für Schultergürtel und obere Teile der Wirbelsäule)
Grundstellung; Drehen der einen Schulter: vorwärts - aufwärts mit
Einatmung, rückwärts - abwärts mit Ausatmung; dann Drehen der
anderen Schulter.

Ü.G.: Die Schultern weit vorführen, hoch hinaufziehen, weit zurück-
und tief abwärtsführen; dabei keine Bewegung aus den Hüften machen,
d. h. bei Vorführen der einen Schulter nicht die andere zurücknehmen;
nur die eine Schulter arbeitet; die Arme hängen locker herab,
aus den Ellbogen darf nicht nachgeholfen werden.

Übung 7: (für Schultergelenke)
Grundstellung; auf einfließendem Atem den rechten Arm gestreckt
rückwärts aufwärts und mit einer großen Kreisbewegung mit Ausatmung vorwärts abwärts führen; dann den linken Arm.

Ü.G.: Zur Aufwärtsbewegung des Armes als antagonistischen Gegenzug (Zwerchfell) den Atem tief zur Körpermitte fließen lassen; der Arm ist nicht straff durchgestreckt, sondern locker gestreckt; die andere Körperhälfte darf nicht nach der Gegenseite ausscheren.

Übung 8 : (für Schultergürtel und Streckung der Wirbelsäule) Grundstellung; auf einfließendem Atem den gestreckten Arm seitwärts aufwärts heben, Handflächen schauen nach oben, bis der Arm die Verlängerung des Körpers bildet; mit Ausatmung den Arm wieder langsam und beherrscht in die Ausgangsstellung zurückführen; auf dem nächsten Einatemimpuls den anderen Arm heben.

Ü.G.: Vor Beginn der Übung die Schultern zurücknehmen; beim Hochführen des Armes auf derselben Seite etwa in Nierengegend den leichten antagonistischen Gegenzug des sich senkenden Zwerchfells spüren; der Arm ist bei der Übung gut durchgestreckt, als müsse an der Decke etwas ergriffen werden.

Übung 9 : (für Zwerchfellränder und Hüften) Ausführung wie Übung 8. Ist der Arm in der Verlängerung des Körpers gestreckt, mit Oberkörper und gestrecktem Arm dreimal nach der anderen Körperseite hin wippen, wobei der Atem angehalten wird, dann wird die Übung wie Nr. 8 zu Ende geführt.

Abb. 8

Übung 10: (für Zwerchfellränder) Leichte Grätschstellung; die Arme in die Hüften stützen, dann Drehen des Oberkörpers nach links und rechts, wobei der Atem immer auf einer Seite ausgeblasen wird, während er auf der anderen einfließen kann; Seitenwechsel; rasche Abfolge.

Abb. 9

Ü. G. : Drehen des Körpers aus den Hüften, nicht von den Beinen her.

Übung 11: (für Zwerchfellränder, Hüften, Kreuz)
Leichte Grätschstellung; auf dem einfließenden Atem sinkt der Oberkörper über die rechte Hüfte abwärts; mit dem Ausblasen des Atems richtet er sich wieder auf und sinkt auf der nächsten Einatmung über die linke Hüfte abwärts.

Ü. G. : Die Bewegung des Oberkörpers geschieht ohne die geringste Drehung durch Einknicken in der Hüfte; den Schultergürtel nicht bewegen; die Arme locker hängen lassen; der antagonistische Gegenzug des Atems zur Körpermitte ist auf der Gegenseite zu spüren.

Abb. 10

Übung 12: (für Nacken, Innervierung der Rückenstrecker)
"Chinesischer Gruß": Grundstellung; Arme auf dem Rücken verschränken, die Schultern gut zurücknehmen, die Wirbelsäule gegen die anliegenden Unterarme lehnen; der Kopf wird weit in den Nacken zurückgelegt; auf dem einfließenden Atem Vorneigen des Oberkörpers bis zu rechtwinkeliger Stellung, wobei der Kopf weit in den Nacken zurückgelegt bleibt; mit dem Ausblasen des Atems wird der Oberkörper wieder aufgerichtet.

18

Ü.G.: Oberkörper und Beine müssen beim Vorneigen möglichst gestreckt bleiben; die Wirbelsäule darf nicht nach innen ausscheren, sondern bleibt gut gegen die Unterarme gelehnt; bei der Wiederholung die Arme anders herum verschränken.

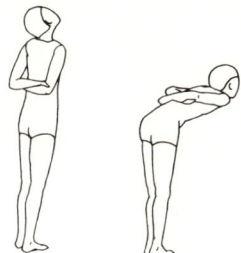

Abb. 11

Übung 13: (für tiefere Teile der Wirbelsäule)
Grundstellung; mit Ausatmung Vorfallen des Oberkörpers; auf Atemimpuls warten; auf einfließendem Atem den Oberkörper hochziehen, wobei einen der Rücken hochzieht (Vorstellung: der Atem fließt durch zwei Rohrleitungen über den Rücken zur Körpermitte in die Nierengegend); hier kann die Übung zunächst beendet werden. Gelingt sie gut, kann sie erweitert werden: Beim Hochziehen die Bewegung über den Scheitelpunkt hinaus weiterführen und den Oberkörper mit Ausatmung hintüberfallen lassen; warten; auf einfließendem Atem den Oberkörper wieder hochziehen, wobei einen nun der obere Teil des Brustkastens hochzieht (Vorstellung: Gegend um Brustbein wird ganz leicht); nach Scheitelpunkt mit Ausatmung wieder vornüberfallen.

Ü.G.: Die Bewegungen ruhig auf dem Atem führen, nicht reißen; Arme und Schultern gehen locker mit; besonders wenn der Oberkörper hintübergefallen ist, muß der Schultergürtel gelöst sein, die Arme müssen entspannt hinter dem Körper herabbaumeln.

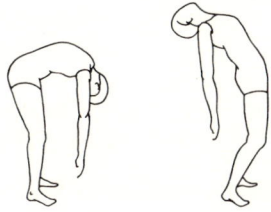

Abb. 12

Übung 14: (wie Übung 13 und für Hüften)
Leichte Grätschstellung; mit Ausatmung Vorfallen des Oberkörpers
zum rechten Fuß; warten; auf einfließendem Atem den Oberkörper
aufrichten und mit Ausatmung zum linken Fuß vorfallen; warten; auf
der nächsten Einatmung aufrichten usw.

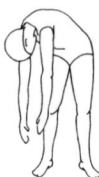

Abb. 13

Ü.G.: Schultergürtel und Arme gehen gelöst mit; den Atem gut zur
Körpermitte führen. Bei Wiederholung kann die Grätsche erweitert
werden.

Übung 15: (wie Übung 14 und für Schultergelenk)
Leichte Grätschstellung; auf einfließendem Atem den rechten Arm
in großem Bogen rückwärts aufwärts führen, die Bewegung ohne
Unterbrechung auf Ausatmung und mit Vorneigen des Oberkörpers
zum linken Fuß führen; warten; auf einfließendem Atem und mit Aufrichten des Oberkörpers den rechten Arm vorwärts aufwärts und
weiter in großem Bogen auf Ausatmung rückwärts abwärts zur Ausgangsstellung führen; auf dem nächsten Atemimpuls die Übung mit
dem linken Arm ausführen.

Ü.G.: Der Impuls zum Beginn der Armbewegung soll von der
Körpermitte ausgehen = Einatemimpuls; die Schultern lockern, der
ausführende Arm ist locker durchgestreckt, der andere ganz gelöst.

Übung 16: (wie Übung 13, gut nach langem Sitzen)
Leichte Grätschstellung; mit Ausatmung Vorfallen des Oberkörpers;
aus den Hüften den Oberkörper von links- nach rechts zu schwingen
beginnen, zuerst leicht, allmählich stärker werden. Ist genug
Schwung vorhanden, den Oberkörper unter schnellem Aufrichten
ganz durchschwingen. Wichtig ist, daß auf dem tiefsten Punkt der
Schwingung (d. i. zwischen den Beinen) der Atem kurz ausgeblasen
wird.

Ü.G.: Den Schultergürtel lockern, die Arme hängen gelöst herab
und schwingen gut mit; beim Durchschwingen führt der Schwung der
Arme über den Kopf; der Atem wird nur kurz ausgeblasen, an die
Einatmung gar nicht gedacht. Wird die Übung richtig gemacht, kann

20

sie lange Zeit ohne die geringsten Atemschwierigkeiten ausgeführt werden.

Abb. 14

Übung 17: (für Bauchmuskulatur, Wirbelsäule, Becken)
In Rückenlage flach auf den Boden legen, die Wirbelsäule liegt gut auf der Unterlage auf; die Beine heben und in der Luft radfahren, zunächst langsam, allmählich das Tempo steigern; anfangs die Übung nicht zu lange machen.

Ü.G.: Der Atem fließt ruhig weiter: etwa 3 Tretbewegungen lang ein, 4 Tretbewegungen lang aus - das ist jedoch individuell sehr verschieden; die Arme liegen links und rechts vom Körper; besser ist, sie in den Ellbogen abgewinkelt mit den Handflächen nach oben auf die Unterlage zu legen.

Übung 18: (für unterste Teile der Wirbelsäule, Kreuz)
In Rückenlage flach auf den Boden legen, die Beine heben, die Knie zur Brust anziehen, mit den Armen die Unterschenkel umfassen; dann Kreisen der Beine zunächst nach der linken Seite vorwärts und über die rechte Seite wieder zurück; bei der Vorwärtsbewegung wird ausgeatmet, bei der Bewegung zum Körper zurück eingeatmet.

Ü.G.: Die Schultern nicht zu sehr heben, der Kopf liegt auf der Unterlage auf, die Knie hoch zum Brustbein heraufziehen, dabei Steiß und Kreuz etwas anheben.

Abb. 15

Variante: Die Arme liegen neben dem Körper mit abgewinkelten Ellbogen und nach oben gerichteten Handflächen; dabei können die Knie weniger gut angezogen werden, dafür wird die Bauchmuskulatur mehr gefordert.

Übung 19: (für Bauchmuskulatur)
In Rückenlage flach auf den Boden legen, die Arme wie bei Übung 17; auf einfließendem Atem die Beine gestreckt heben; auf Ausatmung die Beine langsam in leichten Kreis- oder Pendelbewegungen gegen den Boden führen.

Ü.G.: Den Atem bei der Ausatmung ruhig fließen lassen, nicht stoßen. Es wird einige Zeit brauchen, bis die Übung gelingt.

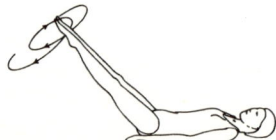

Abb. 16

Übung 20: (Gleichgewichtsübungen)
Grundstellung; die Augen schließen, dann:
a) leicht mit dem ganzen Körper von links nach rechts zu schwingen beginnen; langsam und ganz bewußt die Gewichtsverlagerung vornehmen und im ganzen Körper erfühlen; gegen eine Seite zu den Atem ausblasen, gegen die andere den Atem einfließen lassen, dann wechseln;
b) wie a), jedoch vor- und rückwärtsschwingen; bei Vorwärtsbewegung ausatmen, bei Rückwärtsbewegung einatmen;
c) wie a), jedoch in Kreisbewegung schwingen; vorwärts ausatmen, rückwärts einatmen.

Ü.G.: Gelöst gestreckte Haltung, nicht in den Hüften einknicken.

Nun folgen ein paar Übungen, die im Sitzen ausgeführt werden, so daß sie auch auf beengtem Raum bei jeder Probe ohne Schwierigkeit ausgeführt werden können:

Übung 21: (für Wirbelsäule und Kreuz)
Aufrechte Sitzhaltung, die Beine leicht gegrätscht; mit Ausatmung den Oberkörper zwischen die Beine vorfallen lassen; warten; auf einfließendem Atem den Oberkörper wieder aufrichten.

22

Ü. G. : Vorstellung wie bei Übung 13; beim Vorfallen hängen die Arme zwischen den Beinen entspannt herab.

Übung 22: (für Wirbelsäule und Hüften)
Aufrechte Sitzhaltung, die Beine geschlossen, die Hände an die Hüften gelegt; mit Ausatmung den Oberkörper vorneigen, bis der Bauch auf den Oberschenkeln aufliegt; dann den Oberkörper aus den Hüften kreisen: rückwärts einatmen, vorwärts ausatmen; die Richtung ändern.

Ü. G. : Die Schultern zurücknehmen, den Hinterkopf hochziehen; den Atem gut zur Körpermitte fließen lassen.

Übung 23: (wie Übung 22)
Aufrechte Sitzhaltung, die Beine leicht gegrätscht, die Arme hängen locker herab, die Schultern sind zurückgenommen; auf einfließendem Atem Neigen des Oberkörpers über die linke Hüfte, bis die linke Hand sich dem Boden nähert oder ihn berührt; mit Ausatmung aufrichten; warten; auf dem nächsten Atem über die rechte Hüfte neigen.

Ü. G. : Beim seitlichen Neigen des Oberkörpers darf dieser nicht nach vorne einknicken; die Wirbelsäule muß gut gestreckt bleiben.

Abb. 17

Einige der bereits beschriebenen Übungen lassen sich auch im Sitzen ausführen, wie die Übungen 5, 6 und 12.

Lockerungsübungen
Sie sollen an den Beginn jeder Probe und vor jede Aufführung gestellt werden. Sie dienen der Lösung muskulärer Verspannungen und dem "Aufwärmen" des Atem- und Muskelapparates. Daher müssen auch diese Übungen immer auf dem entsprechenden Atem ausgeführt werden.

Übung 24: (Schultergürtellockerung)
Grundstellung; eine Schulter heben und locker fallen lassen; beim
Fallenlassen den Atem kurz ausblasen; die Übung wird rasch ausgeführt und oft wiederholt; an die Einatmung nicht denken, sie erfolgt reflektorisch; dann die Übung mit der anderen Schulter ausführen und schließlich mit beiden Schultern gleichzeitig.

Ü.G.: Die Arme hängen locker herab, nur der Schultergürtel arbeitet, wobei die Schultern ein wenig zurückgenommen werden sollen.

Übung 25: (wie Übung 24 und für Brustkorb)
Grundstellung; beide Schultern stark zurückziehen und mit Ausatmung wieder in die Ausgangslage zurückfallen lassen.

Ü.G.: Die Arme hängen locker herab, helfen nicht bei der Bewegung mit; nur die Schultern arbeiten; beim Zurücknehmen der Schultern auf die Kreuzgegend achten: die Wirbelsäule muß gestreckt
bleiben, darf nicht zum Hohlkreuz einknicken; an die Einatmung
nicht denken, sie erfolgt reflektorisch. Die Übung oft wiederholen
und rasch ausführen.

Übung 26: (wie bei Übung 24 und für Wirbelsäule)
Grundstellung; den Oberkörper vorwärts neigen, die Arme locker
hängen lassen; dann abwechselnde Belastung einer Schulter, wobei
die belastete Schulter mit dem Arm abwärts sinkt; dabei jedesmal
kurz den Atem ausblasen.

Ü.G.: Die Bewegungen nicht aus der Hüfte, nur aus dem Schultergürtel und rasch hintereinander ausführen; nicht an die Einatmung
denken.

Übung 27: (Lockerung der Arme und Hände)
Grundstellung; auf einfließendem Atem einen Arm vorwärts hochziehen, mit dem Ausblasen des Atems den Arm ganz locker fallen
und auspendeln lassen; auf dem nächsten Atem den anderen Arm
heben, dann beide Arme.

Übung 28: (Lockerung der Nacken- und Halsmuskulatur)
Grundstellung; den Hinterkopf gut hochziehen; mit Ausatmung den
Kopf vorfallen lassen; warten; auf einfließendem Atem den Kopf
heben und weit zurückfallen lassen; mit Ausatmung den Kopf wieder vorfallen lassen usw.

Ü.G.: Die Schultern lockern und etwas zurücknehmen; es sollte
sich eine Dreizeitigkeit entwickeln: vorfallen - warten - zurückfallen.

Übung 29: (wie Übung 28)
Grundstellung; auf einfließendem Atem den Kopf auf der Wirbelsäule nach links drehen, so daß das Gesicht nach links schaut,
der Hinterkopf nach rechts gerichtet ist; mit Ausatmung ihn in
die Ausgangsstellung zurückführen; dann die Übung nach rechts
ausführen. Die Übung kann weiter ausgebaut werden: Bewegung
des Kopfes von links nach rechts und zurück, wobei immer auf
einer Seite eingeatmet und auf der anderen Seite ausgeatmet
wird; Seiten wechseln.

Ü.G.: Der Hinterkopf muß vor Beginn der Übung gut hochgezogen werden.

Übung 30: (wie Übung 28)
Übungsablauf wie bei Übung 29, jedoch wird der Kopf nicht auf,
sondern mit der Wirbelsäule bewegt, d. h. er wird mit dem Gesicht nach vorne gegen die Schulter zu gesenkt.

Abb. 18

Ü.G.: Den Kopf gut hochziehen, die Schultern nach Möglichkeit
nicht bewegen; es darf nicht durch Hochziehen der Schulter der
Eindruck erweckt werden, der Kopf sei schon tief zur Schulter
geführt worden. Wichtig ist, daß die Bewegung mit der Halswirbelsäule ausgeführt wird.

Übung 31: (Lockerung des ganzen Körpers)
Lockeres Ausschütteln des ganzen Körpers durch kurzes Wippen
aus den Knien; beim Einknicken der Knie den Atem kurz ausblasen; die Übung rasch ausführen.

Ü.G.: Den Körper ganz locker halten, besonders die Schultern
und Arme.

25

Haltungsübungen mit Kindern

Die Arbeit an der Haltung, an Lockerung und Elastizität ist im Kindesalter besonders wichtig. Hier werden die ersten Fehler gemacht, hier werden die späteren Fehlhaltungen der Wirbelsäule und des übrigen Trägergerüsts, die Verspannungen und Ersatzfunktionen in der Muskulatur angelegt. Die Tatsache, daß bei rund einem Drittel der Sechsjährigen bereits deutliche Haltungsabweichungen zu verzeichnen sind, ein Prozentsatz, der bei den Zehnjährigen auf über 40%, bei den Zwölfjährigen auf über 50% steigt und bei den Achtzehnjährigen bereits die Zweidrittelmarke überschreitet, gibt zu denken[+]. Natürlich muß in der Vorschulerziehung und bei den Sechs- bis Zehnjährigen den Übungen ihr tierischer Ernst genommen werden; man wird sie in Spiel einkleiden, ihnen einen realen Hintergrund geben müssen.

Übung 32: "Glocken läuten"
Leichte Grätschstellung; mit Ausatmung den Oberkörper vorfallen lassen, dabei die Hände so formen, als umfaßten sie einen Glockenstrang; unten ein wenig warten (die Glocke muß ausschwingen können); auf Einatmung den Oberkörper aufrichten, die Arme hochziehen, der Atem strömt tief ein (er gibt uns die Kraft, durch die wir dem Zug der Glocke, die uns vom Boden abheben will, Widerstand entgegensetzen können).

Die Übung läßt sich gut von einigen Kindern in verschiedenem Tempo ausführen (als verschieden große Glocken), wobei eine zweite Gruppe verschieden große Gongs oder Glocken schlägt; ein "Spieler" ist immer einem "Läuter" zugesellt.

Übung 33: "Mähen"
Langsam schreiten; beim ersten Schritt holt der rechte Arm weit aus: er wird gestreckt rückwärts geführt, der linke folgt etwas abgewinkelt vor dem Körper, so als hielten beide eine Sense; beim nächsten Schritt werden mit der Ausatmung beide Arme nach links geführt, wobei der linke Arm durchgestreckt, der rechte abgewinkelt wird; die ausholende Bewegung führt etwas aufwärts, die zweite etwas abwärts; unter dem Hinweis, der Bauer könne auch Linkshänder sein, die Arme wechseln.

[+]Dr. H. Neugebauer: "Wachstum und Haltung". Aus: Österreichische Ärztezeitung, Heft 19, Wien 1972.

Übung 34: "Säen"
Langsam schreiten; beim ersten Schritt den rechten Arm abgewinkelt zur linken Hüfte führen (dort hat der Bauer das Tuch mit
dem Saatgut); auf dem nächsten Schritt ausatmend mit dem rechten
Arm eine weit streuende Geste vom Körper weg ein wenig aufwärts
auswärts ausführen. Beim "Mähen" und "Säen" wird atemmäßig nur
auf die Ausatmung aufmerksam gemacht, die Einatmung erfolgt reflektorisch.

Übung 35: "Dreschen"
Leichte Grätschstellung; der imaginäre Dreschflegel wird mit bei-
den Händen gut umfaßt und über den Kopf gehoben; mit der Aus-
atmung wird unter Vorneigen des Oberkörpers zugeschlagen; auf
dem einfließenden Atem den Oberkörper wieder aufrichten und die
Arme hoch über den Kopf führen, um viel Kraft für den nächsten
Schlag zu bekommen. Die Drescher schlagen nie gleichzeitig zu.
Aus mehreren kleinen Gruppen kann ein einfacher Rhythmus ge-
bildet werden, der noch dazu von einigen Spielern auf verschiedenen
Geräuschinstrumenten markiert werden kann.

Übung 36: "Lasso schwingen"
Leichte Grätschstellung; zunächst mit dem rechten Arm in weiten
Kreisen über dem Kopf ein imaginäres Lasso schwingen; bei der
Vorwärtsbewegung den Atem ausblasen oder kurz "JO" rufen, auf
der Rückwärtsbewegung fließt der Atem ein, ohne daß darauf aufmerksam gemacht werden muß. Die Beine wippen im Rhythmus
der Bewegung mit.

Übung 37: "Schlange" oder "Panther"
Auf dem Boden knien, mit dem Gesäß auf den Fersen aufsitzen;
dann den Oberkörper vorneigen, bis die Stirn fast den Boden berührt; die Arme gleiten langsam auf dem Boden bis zu gut ge-
streckter Haltung vor, dann folgt langsam der Oberkörper, bis die
gestreckte Bauchlage erreicht ist.

Ü.G.: Die Streckung muß langsam erfolgen; das Gesäß möglichst
lange auf den Fersen aufsitzen lassen; gleichmäßig weiteratmen.

Abb. 19

Auch von den übrigen Haltungsübungen läßt sich eine Anzahl recht
gut für Kinder "verpacken":

Ü 1: "Wir spielen Aussichtswarte" und ziehen daher den Kopf weit heraus.

Ü 2 + 3: Ein Käfer will unbedingt von der einen Körperseite über den Rücken zur anderen kriechen, was verhindert werden soll.

Ü 4: Wettspiel: Wer kommt mit den Armen höher, ohne den Körper zu knicken?

Ü 5: Betrachten des Sternenhimmels und Verfolgen eines Satelliten mit Augen und Kopf.

Ü 8 + 9: Ein wachsender Baum, der sich im Winde wiegt.

Ü 12: Der "chinesische Gruß" schlägt immer ein.

Ü 13: Gummimännchen.

Ü 16: Pendeluhr, die beim Durchschwingen eben verrückt spielt.

Ü 20: Schilfrohr im Winde oder verkehrtes Pendel;

usw., der Phantasie des jeweiligen Leiters ist hier keine Grenze gesetzt.

Alle für Kinder angegebenen Übungen eignen sich genauso gut für Erwachsene.

ÜBER DIE ATMUNG

Am Beginn soll die Frage stehen: Wie ist der Atmungsvorgang von der Natur aus vorgesehen?

Die Atmung dient dem Gasaustausch in der Lunge. Sauerstoff wird aufgenommen, Kohlendioxyd abgegeben. Der Blutkreislauf sorgt dafür, daß der Körper immer mit sauerstoffgesättigtem Blut versorgt und ihm das Kohlendioxyd entzogen wird; die Atmung sorgt dafür, daß Sauerstoff dem Blutkreislauf zugeführt, Kohlendioxyd aus dem Körper entfernt wird.

Wurde längere Zeit nicht eingeatmet, entsteht Sauerstoffnot im Blut. Der Blutkreislauf funkt SOS an das Atemzentrum (Sitz im Kopfmark), das den Impuls zur nächsten Einatmung aussendet.

Der Muskel, der den Atemvorgang steuert, ist das Zwerchfell. Es ist ein flächiger Muskel, der quer (= zwerch, althochdt. twerh) durch die Leibeshöhle gespannt ist und die Brust- von der Bauchhöhle trennt. Es ragt mit zwei Kuppeln in die Brusthöhle hinein, ist vorne an den drei untersten Rippen befestigt, hat eine starke Verankerung am inneren Rücken und reicht dort bis zum vierten Lendenwirbel hinunter.

Für die Lage des Zwerchfells ist die Druckdifferenz zwischen Brust- und Bauchraum maßgebend. Ist der Druck im Bauchraum erhöht (bei vollem Magen, zu hohem Gasgehalt in den Eingeweiden), kommt es zu einem Zwerchfellhochstand; auch die Erschlaffung des Zwerchfellmuskels kann dazu führen. Es kommt dabei immer zu einer Bedrängung des Herzmuskels; das kann von leichten Herzbeschwerden bis zum Infarkt führen.

Bekommt das Zwerchfell vom Atemzentrum den Impuls zur Einatmung, beginnt es mit einer Abwärtsbewegung. Durch die die Rippen untereinander verbindenden Brustkorbmuskeln weitet sich der untere, bewegliche Teil des Brustkorbs in begrenztem Umfang, während sich der obere Teil kaum bewegt und die Schultern nicht gehoben werden. Die Körpermitte weitet sich etwas; besonders hinten unter den letzten Rippen soll sich eine leichte Weitung einstellen, wobei auch die Wirbelsäule elastisch ein wenig nach außen nachgibt (das "Mit dem Rücken atmen" berühmter Sänger). Dort ist das Zwerchfell am kräftigsten, und damit läßt sich die Luft am besten speichern. Die Lunge vollzieht diese - durch das Zwerchfell und die Zwischenrippenmuskulatur hervorgerufene - Erweiterung des Brustraums passiv mit, dehnt sich aus und saugt Luft an.

Während sich die Lunge mit Luft füllt, ist durch den Kreislauf eine Menge Kohlendioxyd gespeichert worden. Über das Atemzentrum erfolgt der Befehl zur A u s a t m u n g. Diese wird vor allem durch die Elastizität der Lunge besorgt, die sich wieder zusammenziehen will; damit verbunden ist ein Nachlassen der Muskelkraft. Dadurch zieht sich der untere Teil des Brustkastens etwas zusammen, der obere Teil bleibt jedoch fast unverändert, das Brustbein sinkt nicht abwärts, die Schultern bewegen sich nicht, sinken vor allem nicht vorwärts, der Hinterkopf bleibt aufrecht und hochgezogen. Das Zwerchfell beginnt sich zu entspannen, seine Kuppeln treten in den Brustraum ein. Dadurch wird Platz für die Bauchorgane, sie weichen wieder zurück, die Körpermitte wird schlanker. (Falsch wäre, bei der Ausatmung die Bauchdecke nach außen gepreßt zu halten, wie manche Schulen lehren.) Die verbrauchte Luft strömt aus der Lunge aus. Muskelhilfe bekommt die Ausatmung durch die unteren äußeren Rückenmuskeln und die Muskeln der oberen Bauchwand.

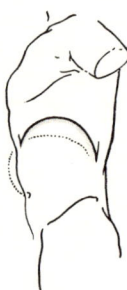

Abb. 20   Schematische Darstellung des Zwerchfells
bei der Ausatmung (schwarzer Bogen)
bei der Einatmung (schwarz punktierter Bogen)

Auf die Ausatmung folgt die dritte Phase der Atmung: d i e R u h e. Das Kohlendioxyd ist ausgeatmet, noch ist genug Sauerstoff vorhanden. In dieser Ruhezeit findet das Zwerchfell seine Kräftestruktur = seinen T o n u s wieder, den es für die nächste Einatmung braucht. Gönnt man ihm diese Pause nicht, kommt es immer wieder zu Restspannungen, die es nicht abbauen kann, die sich summieren und mit der Zeit eine normale Atmung unmöglich machen.

Ermöglicht wird die richtige Atmung erst durch die richtige Haltung: die Form der Wirbelsäule bestimmt die Stellung des Brustkorbs, beeinflußt die Arbeit des Zwerchfells. Durch Deformierung der Wirbelsäule kommt es zu Schäden am Zwerchfell, zumindest zu Fehlsteuerungen, wodurch die Belastbarkeit oft erheblich herabgesetzt wird. Daß das Atmen mit Heben der Schultern und Hochziehen des Brustbeins so stark verbreitet ist, erklärt sich aus dem Haltungsverfall des Mitteleuropäers: schlechte Rückenhaltung, schwache Brustkorb- und Zwerchfellmuskulatur, Formfehler des Rumpfes.

Gute Atmung übt einen heilsamen Einfluß aus auf die Kranzgefäße des Herzens, die Bauchorgane (wegen der dauernden Massage durch die Zwerchfellbewegungen), aber auch auf die Nerven. Wird die Atmung aus irgendeinem Grund mangelhaft, so muß das Herz dieses Manko an aufgenommenem Sauerstoff durch größere Arbeitsleistung (Beschleunigung des Blutstroms) ausgleichen. Je besser die Atmung wird, desto mehr wird das Herz entlastet! So gewinnt die Haltungsmuskulatur des Rumpfes und der Wirbelsäule großen Einfluß auf Form, Bewegung und Leistung der Atemmuskulatur und entscheidet damit über die Effizienz der Atmung und die Leistungsfähigkeit.

Das Problem für den singenden Menschen ist nicht die Einatmung, sondern die Ausatmung, auf der er singt.

Bei der singenden Ausatmung stellt sich der Ausatmungstendenz das Zwerchfell entgegen, das in Einatmungstendenz verharrt und so eine zu rasche Ausatmung verhindert; es setzt also der Aufwärtsbewegung der Atemmuskulatur eine abwärtsgerichtete Tendenz entgegen. Bei diesem Impuls des Zwerchfells schließt sich die Stimmritze und dehnen sich die Stimmfalten. Die Tongebung kann einsetzen. Die Beherrschung und Dosierung des Atems liegt somit in dem harmonischen Ausgleich zwischen diesen beiden Kräften: der aufwärtstreibenden Kraft der Atemmuskulatur und dem abwärtsgerichteten Zug des Zwerchfells.

In diesem harmonischen Ausgleich liegt das, was wir unter dem Begriff "Stütze" zusammenfassen. Dabei sind drei Punkte wichtig:
1. das elastische Gleichgewicht im Zwerchfellbereich: Zwerchfellzug gegen Ausatmungskraft;
2. das elastische Gleichgewicht im Kehlbereich: zwischen der Einhängemuskulatur der Kehle und der herausströmenden Luft;
3. die Weitung im Ansatzrohr mit der Bereitstellung der Resonanzräume (was eigentlich auch eine Einatmungsstellung ist).

Jeder Ausfall einer Funktion wird sofort durch erhöhten Atemdruck ersetzt, was entweder Atemstau unter der Kehle (Versteifung des Klangs) oder Überluftung des Tons (Entweichen unverbrauchter Luft) zur Folge hat.

Daher weg von jeder Kraftanstrengung in Verbindung mit dem Stütz-vorgang! Kein Pressen, Stauen, Verspannen! Nur elastische Ausge-wogenheit der Kräfte!

Man muß sich immer wieder vor Augen führen, daß die normale Atmung vom Zentralnervensystem her gesteuert wird, daß sie ohne Willensimpuls von selbst - reflektorisch - erfolgt, eben wenn der Körper danach verlangt. Daher nicht den Atem ho-len, sondern ihn einfließen lassen! Je gründlicher aus-geatmet worden ist, desto tiefer wird die nächste Einatmung erfol-gen.

Die Größe der Luftmenge, die der Sänger in die Lunge pressen kann, ist nicht wesentlich, sondern wie er mit der vorhandenen Luft haushalten kann. Daher ist es falsch, auf großes Luftvolumen zu üben, sich ständig mit Luft vollzupumpen; es führt nur zum starren Ton (wegen des Überdrucks von Luft auf die Kehle) und zu Verspannungen in der Atemmuskulatur (weil sich dabei der Zwerch-felltonus nur gering entfalten kann). Die Folge ist eine zunehmende Kurzatmigkeit beim Singen.

Von der in der Lunge nach der Einatmung vorhandenen Luftmenge wird nur ca. die Hälfte für die Tongebung verbraucht, die andere Hälfte setzt sich zusammen aus einer Reserve und der sogenannten Residualluft, einer Luftmenge (ca. ein Drittel der Füllmenge), die immer in der Lunge bleibt, weil sie für die Funktionstüchtigkeit des Organs wichtig ist; sie wird jedoch immer wieder erneuert.

Am gesündesten ist die Einatmung durch die Nase (Erwärmung, Filterung), doch braucht diese Atmung beim Singen zuviel Zeit. Daher ist es nötig, bei kurzen Atempausen durch Nase und Mund zu atmen. Es ist darauf zu achten, daß das hörbare Einziehen der Luft durch die Nase vermieden wird. Durch Weitung ("Erstauntes Einatmen") ist das leicht zu erreichen. Allgemein gilt die Regel: Jedes große Sichtbarmachen von Atemvorgängen ist falsch! Die Effizienz der Atmung liegt in ihrer inneren Federung und in der Spannungsbalance.

Die nun folgenden Atemübungen sollen im Stehen in guter Grund-stellung ausgeführt werden, weil dabei die Körpermitte besser zu aktivieren ist. Alle Übungen sollen mit einer Ausatmung be-gonnen werden; dabei wird die Luft wie beim Ausblasen einer Kerze durch die etwas zugespitzten Lippen abgegeben.

Übung 38: (gute Aktivierung der gesamten Atemmuskulatur)
Den Atem möglichst rasch und kraftvoll durch den Mund ausblasen. Der Impuls dafür geht von hinten, von den unteren äußeren Rücken-

muskeln aus und mündet in eine starke Einwärts - Aufwärtsbewegung des Rumpfes. Dabei ist die Kehle weit geöffnet, die Mundöffnung dem O angenähert, die Lippen sind ein wenig vorgewölbt; der Brustkorb ist gelockert und steigt ein wenig (trotz der Ausatmung!), die Rückenstrecker werden aktiviert. Nach dem Ausblasen warten, bis der Atem von selbst einfließt; man hat das Gefühl, er "rinnt" tief in die Körpermitte ein.

Übung 39: (Aktivierung der Atemmuskulatur, Erzielung eines guten Atemreflexes)
Die Luft in kurzen, energischen Stößen auf f (oder ß) ausblasen (wie beim Ausblasen einer weiter entfernten Kerze); die Impulse von der Körpermitte her geben; nach jedem Ausstoßen sofort abspannen, d.h. blitzschnell die Muskelspannung auslassen; die Einatmung erfolgt reflektorisch. Die Übung eher rasch ausführen.

Übung 40: (ruhige Atemführung)
Die Luft mit leichtem, gleichmäßigem Blasen abgeben (wie beim Kühlen einer Brandwunde oder Anblasen eines Windrades); dabei darauf achten, daß der Atem möglichst gleichmäßig fließt und der Brustkasten bis zuletzt hochgestellt bleibt. Vorstellung: Die Luft streicht, bevor sie ausgeblasen wird, aus der Körpermitte von innen gegen das Brustbein und hält dieses locker hochgestellt.

Übung 41: (Tiefführen des Atems)
Im Liegen die eigene Atmung kontrollieren. Der Mensch atmet im Liegen richtig. Die Hände auf die Körpermitte legen und spüren, wie sie bei der Ausatmung schmal wird und sich bei der Einatmung weitet. Versuchen, diese Vorgänge auch bei aufgerichteter Haltung beizubehalten.

Übung 42: (wie Übung 41)
Vorstellung: Auf dem Handrücken befindet sich eine wohlriechende Essenz; daran wird geschnuppert. Mit der anderen Hand die Arbeit der Flanken kontrollieren. Wieder fließt die Luft tief zur Körpermitte zu.

Übung 43: (Intensivierung der Zwerchfellarbeit)
Luft ausblasen, dann mit einem Finger ein Nasenloch zuhalten und durch das andere die Atemluft einfließen lassen. Dabei ist die Saugbewegung des Zwerchfells viel stärker zu spüren, weil es sich wesentlich mehr anstrengen muß, um die gleiche Luftmenge einzuholen. Das Nasenloch vor dem Ausatmen wechseln.

Übung 44: (Weitung der Resonanzräume durch den Atem)
Ausblasen des Atems; warten; mit einfließendem Atem weit werden;
zunächst im Kopf ein Gefühl der Weite, Helle, Durchlüftung spüren
(dabei hilft die Vorstellung des Staunens), dann greift die Weite auf
Rücken und Körpermitte über.

Übung 45: (zur Weitung der Nierengegend und Tiefführung des
Atems)
Grundstellung; mit Ausatmung den Oberkörper vorfallen lassen;
warten; auch während der Atem einfließt, in vorgeneigter Haltung
bleiben; Vorstellung: Die Luft fließt durch zwei Rohrleitungen den
Rücken abwärts unter die letzten Rippen in die Nierengegend, die
ihr Raum gibt und weit wird: je tiefer dabei der Oberkörper vorgeneigt ist, desto besser. Die Übung nicht durch jähes Aufrichten
beenden, sondern auf einfließendem Atem sich langsam aufrichten.

Übung 46: (wie Übung 41, Innervierung der Atemmuskulatur)
Hecheln wie ein Hund. Dabei darauf achten, daß die Flanken gut
arbeiten und der Brustkasten ruhiggestellt bleibt. Die Übung mit
einem Ausblasen beginnen und sich beim Hecheln mehr auf das
Ausstoßen als auf das Einholen der Luft konzentrieren. Darauf wird
bei dieser Übung meist vergessen, der Körper wird mit Luft vollge-
pumpt, die einen bedrängt. Oft gibt es bei dieser Übung Schwierigkeiten, weil das Zwerchfell nicht elastisch genug ist. Dann zunächst
ganz langsam beginnen und allmählich das Tempo steigern.

Übung 47: (Gewinnung eines guten Atemreflexes)
ß, sch hintereinander sprechen (nicht es, sche!) mit kurzem Abspannen nach jedem Laut; ganz locker, federnd die Impulse von der
Körpermitte her geben. Bei jeder Abspannung fließt reflektorisch
etwas Atemluft ein, was aber nicht zu spüren ist. Konzentration
nur auf das federnde Abspannen nach jedem Konsonanten. Die Übung
muß lange fortgesetzt werden können, ohne daß sich ein Gefühl von
Atemknappheit einstellt.
Die Übung kann ausgebaut werden:
- durch dynamische Schattierung: p - f - p, wobei die Kraft von
der Körpermitte her kommen muß und nicht durch Druck auf die
Kehle;
- durch Wechsel der Resonanzräume: von ganz hell vorne in der
Stirn den Klang langsam in den Hinterkopf zurückwandern lassen,
wobei er allmählich dunkler wird;
- durch Vermehrung der Konsonanten um f.

Ü b u n g 4 8 : (wie Übung 47)
t, t, t, . . . sprechen (nicht te!), mit kurzer Abspannung nach jedem t,
wobei reflektorisch eine kleine Atemmenge einfließt, was aber nicht
bewußt wird. Die Impulse gut von der Körpermitte her führen; die
Kehle ist ganz entspannt und nur "Durchgangsstelle" für die Luft.
Auch diese Übung muß sich ohne Atemnot lange fortsetzen lassen
können.

Bei beiden Übungen kann bei den ersten Malen die Körpermitte
rasch ermüden, weil den beteiligten Muskeln und dem Zwerchfell
diese Arbeit fremd ist. Werden die Übungen öfter ausgeführt,
geben sich diese Ermüdungserscheinungen. Voraussetzung für das
Gelingen ist die gute Haltung, die erst die Elastizität des Zwerchfells ermöglicht.

Ü b u n g 4 9 : (ruhige Atemführung)
Atem ausblasen; warten; Atem einfließen lassen, dann stimmloses
s lautieren und ruhig fließen lassen. Dabei kommt es nicht auf die
Dauer des gehaltenen Konsonanten an, sondern auf die Ruhe der
Atemführung und damit das ruhige Fließen des Konsonanten ohne
Flackern. Die Kehle muß völlig frei und entspannt sein, Konsonant
und Luft werden von der Körpermitte her gestützt und reguliert.
Die Körpermitte bleibt lange weit. Sie darf nicht durch muskel-
mäßiges "Bereitstellen" überdehnt werden.

Für diese Übung eignen sich auch stimmhaftes s, sch, f und w gut.
Bei allen Konsonanten, besonders bei stimmhaftem s und w, muß
sich das Gefühl einstellen, der Konsonant sitze hoch im Kopf, er
klinge aus der Stirn oder aus den Augen heraus. Erweitert werden
kann die Übung durch kleine dynamische Impulse von der Körpermitte her, etwa kleine crescendi und decrescendi oder sforzati.

Ü b u n g 5 0 : (wie Übung 49)
Ausführung wie Übung 49, aber während der Konsonant gehalten
wird, den Oberkörper langsam vorneigen. Die Bewegung so ein-
teilen, daß der Oberkörper ganz vorgeneigt ist, wenn der Atem zu
Ende geht. Die Restluft ausblasen; auf der nächsten Einatmung den
Oberkörper aufrichten. Die Arme entspannt lassen.

Ü b u n g 5 1 : (wie Übung 49)
Ausführung wie Übung 49; aber bei der Nachatmung die Arme gestreckt seitlich heben, die Handflächen schauen nach unten; den
Oberkörper nach rechts oder links drehen; dann mit dem Konsonanten einsetzen und während der Konsonant gehalten wird, die Arme
langsam sinken lassen und den Oberkörper vorwärts drehen.

Übung 52:
Atem auf stimmlosem s, sch oder f fließen lassen und darauf ein
Lied rhythmisieren. Die Rhythmisierung muß vom Zwerchfell aus-
gehen, die Kehle darf nicht belastet werden.

Die Übungen 49 bis 52, bei denen längere Zeit nicht nachgeatmet
wird, sollen nicht zu rasch wiederholt werden, weil sonst die Belastung für den Kreislauf zu stark ist.

Übung 53: (ruhige Ton- und Atemführung, schnelles Abspannen
der Atemmuskulatur)

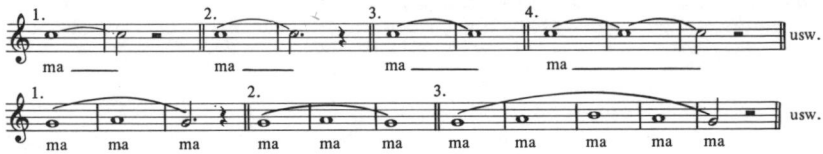

Die Übung zerfällt in einzelne Abschnitte. Der Chorleiter dirigiert
einen Abschnitt und kann ihn beliebig oft wiederholen. Das Tempo
zunächst rascher geben, dann langsamere Tempi wählen. Der Chor
singt auf einfachen Silben (ma, no, lö, blu) oder auf u oder o. Die
Töne dürfen nicht überluftet sein, sie dürfen nicht steif klingen.
Die Übung dient einerseits der Erzielung einer ruhigen Ton- und
Atemführung, andererseits dem Hinführen zum schnellen Abspannen. Daher soll die Länge der gesungenen Töne bzw. Phrasen
allmählich ausgedehnt werden, die für die Atmung erforderlichen
Pausen sollen allmählich reduziert werden. Die Länge der gehaltenen Töne kann durch Hinzufügen eines Notenwertes, die der
Phrasen durch Hinzufügen einer zusätzlichen Tonstufe vergrößert
werden.

Übungen mit Intention
Die Intention wird vom Zentralnervensystem gesteuert. Sie entsteht bei intensiver Vorstellung eines Zustandes oder einer Handlung.
Die Steigerung der Aufmerksamkeit führt zu erhöhter Muskelakti-
vität, was im Bereich der Atemmuskulatur zu einer Einatmungstendenz führt.

Übung 54:
Vorstellung: Du betrittst mit einem Freund einen Raum. Plötzlich
macht dich dein Freund auf Gasgeruch aufmerksam. Du verhältst,
steigerst die Aufmerksamkeit und das Geruchsempfinden.

Übung 55:
Vorstellung: Du hast eine Rose in der Hand und saugst ihren Duft
ein.

Bei beiden Übungen werden die Räume von den Nasenflügeln bis zur Körpermitte ganz stark geweitet; besonders stark ist die Weitung in der Kreuzgegend zu spüren. Die Wände des Ansatzrohres werden viel elastischer als bei anderen Übungen, weil sie den Geruch dem Körper weitergeben wollen; auch wird viel weniger Luft hereingenommen als bei anderen Übungen.

Übung 56:
Vorstellung: Du spielst Ball, indem du den rechten Arm hochhebst und den Ball vor dich auf den Boden wirfst. Du läßt ihn etwa in Ellbogenhöhe gegen deine Handfläche prallen und wirfst ihn wieder zu Boden. Beim Werfen rufst du "hopp".

Allmählich kann das Tempo der Übung gesteigert werden. Die Einatmung erfolgt reflektorisch auf die Abspannung nach dem pp des "hopp".

Atemübungen mit Kindern

Auch hier gilt das, was ich bei den Haltungsübungen mit Kindern über beginnende Fehlhaltungen und Verspannungen gesagt habe. Auch in diesem Bereich darf die Übung nicht als Selbstzweck stehen, sondern muß "eingekleidet" werden, was bei den meisten Übungen nicht schwer fällt.

Bei Ü 38 handelt es sich wie bei Ü 39 um eine Kerze oder ein Windrad, die sehr weit entfernt sind und aus- bzw. angeblasen werden müssen. Die Kinder können auch in kurzen, raschen Atemstößen imaginären Staub von ihren Handrücken wegblasen oder mit "ksch, ksch" Hühner aus dem Garten vertreiben.
Ü 40: Kühlen einer Brandwunde.
Ü 42 und 43 brauchen keine Einkleidung.
Ü 44 und 45 können als Wettspiel angelegt werden: Bei wem ist das geringste Schnaufgeräusch zu hören? bzw.: Bei wem verläuft die dickste Rohrleitung, so daß er die meiste Luft in den Rücken bekommt?
Ü 47: Eisenbahn.
Ü 48: Fallende Tropfen.
Ü 49: Schadhafter Fahrradschlauch (stimmloses s oder f), Biene (stimmhaftes s), Kamm mit Seidenpapier (w), Wasserstrahl (sch, tsch), Luft oder Dampf ablassen (s, z, tsch).
Ü 50: Ein Gummimann wird angestochen, die Luft entweicht, der Oberkörper sackt langsam zusammen.
Die Übungen mit Intention brauchen keine Einkleidung.
Wieder sind der Phantasie des Chorleiters Tür und Tor geöffnet.

Der Apparat

Der Kehlkopf

Er dient gleichermaßen der Atmung wie der Stimmgebung. Sein Skelett setzt sich aus einem beweglichen Knorpelgerüst zusammen (Schildknorpel, Ringknorpel, zwei Stellknorpel), in das die Stimmfalten eingebettet sind. Nach oben zu wird der Kehlkopf beim Schlucken durch den Kehldeckel verschlossen, damit nicht Speiseteilchen in die Luftröhre geraten, die die Fortsetzung des Kehlkopfs nach unten bildet.

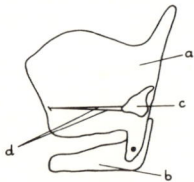

Abb. 21   Das Knorpelgerüst des Kehlkopfs (Schema)
            a Schildknorpel
            b Ringknorpel
            c Stellknorpel
            d angedeutet die Stimmfalten

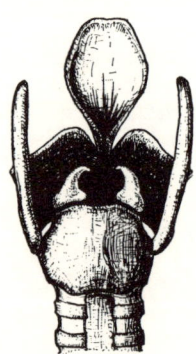

Abb. 22   Das Knorpelgerüst des Kehlkopfs mit Kehldeckel und
           Ansatz der Luftröhre

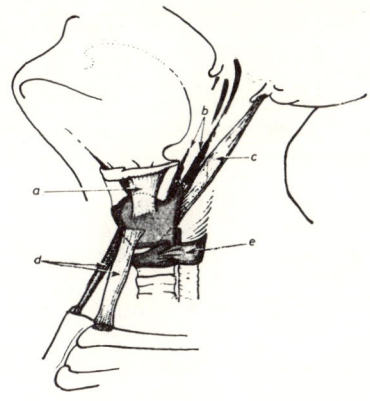

Abb. 23   Die Einhängemuskulatur des Kehlkopfs
           a, b und c wirken als "Heber", d und e als "Senker"

Der Kehlkopf ist am Z u n g e n b e i n aufgehängt und in ein kompli-
ziertes System meist paariger Muskeln eingespannt, den sogenannten
E i n h ä n g e m e c h a n i s m u s. Diese Muskeln können den Kehlkopf
nach oben und unten ("Heber und Senker"), aber auch vorwärts und
rückwärts bewegen. Die Kehle sinkt beim Gähnen und bei der Ausatmung, steigt hingegen bei der Einatmung und beim Schlucken.
Bei ungeübten Stimmen steigt die Kehle auch bei hohen Tönen sowie
bei den Vokalen: vom u über das a bis zum i. Jede Bewegung des
Kehlkopfs verändert das Ansatzrohr und beeinflußt dadurch erheblich das Klangprodukt; je tiefer die Kehle steht, desto größer wird
das Ansatzrohr, was sich für den Klang positiv auswirkt. Daher
soll die Kehle beim singenden Menschen ruhig und in möglichst
tiefer Stellung stehen, doch darf dieses Streben nicht zu einem ver-
spannten, krampfartigen Tiefstellen führen. Am besten geschieht
es durch ein zwangloses Weitegefühl, die Vorstellung des Erstauntseins, ein Ansauggefühl. Verharrt die Kehle bei allen Vokalen
ruhig und entspannt in einer tiefen Stellung, ist dieses Teilziel
erreicht. Vorsicht ist geboten bei den hellen Stimmen und Koloratur-
sopranen, bei denen die Kehle im allgemeinen höher steht als bei
den dunkel timbrierten. Eine krampfhafte Tiefstellung der Kehle
würde die Stimme schädigen.

Die Ruhe der Kehlhaltung wird sehr stark durch die Ruhe des
Brustbeins und des oberen Brustkorbs unterstützt und ist selbst-
verständlich abhängig von einer richtigen Atemführung. Besonders
wichtig ist dabei die richtige Arbeit des Zwerchfells, weil

Zwerchfellkontraktion und Tiefstellung der Kehle eng zusammen-
hängen. So greift beim Singen immer und überall ein Bereich in
den anderen über.

Das Ziel: Der locker gehaltene Kehlkopf, eingehängt in den nach
allen Seiten aktiven Einhängemechanismus. Dadurch ist der
locker federnde Gleichgewichtszustand der Kehle gewährleistet.

Übungen zur Ruhigstellung der Kehle:
- Alle gymnastischen Übungen zur Streckung der Wirbelsäule und
  damit zur ruhigen Hochstellung des Brustkorbs und zur richtigen
  Kopfhaltung;
- Übungen zur Beseitigung des Atemüberdrucks und zur ruhigen
  Atemführung;
- Gefühl der Weite, des Ansaugens, Erstauntseins;
- In der Arbeit vom Vokal u ausgehen und trachten, den u-Charak-
  ter auch in die anderen Vokale zu bekommen.

Die Stimmfalten

Eingespannt in das Gerüst des Kehlkopfs sind die beiden muskulö-
sen Stimmfalten. Sie bestehen aus dem eigentlichen Hauptmuskel,
den S t i m m l i p p e n , und einem elastischen Gewebe, mit dem die
Stimmlippen überzogen sind, den S t i m m b ä n d e r n . Der Spalt
zwischen den beiden Stimmfalten heißt S t i m m r i t z e .

Abb. 24   Stimmfalten. Schematisch.
           Die gebrochenen Linien
           zeigen die sich kreuzenden
           Muskelbündel
           der Stimmlippen
           a Stimmlippe
           b Äußere Muskelbündel
             der Stimmfalten
           c Stimmband
           d Stimmritze
           e Schildknorpel
           f Ringknorpel
           g Stellknorpel
           h Schließmuskel

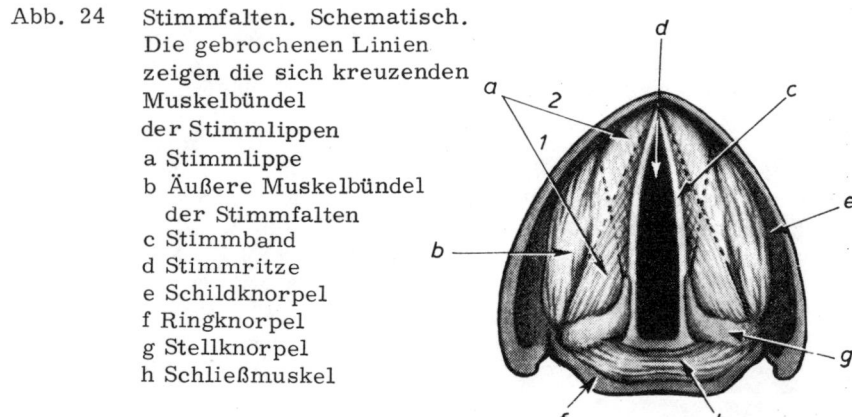

Für die Stimmerzeugung sei Luchsinger/Arnold zitiert: "Die
klassische Theorie erklärt die Stimmerzeugung damit, daß die
Stimmlippen ein selbstgesteuertes Vibrationssystem bilden. Ein

bestimmtes Atemvolumen von einem bestimmten Druck bewegt
die durch das Zentralnervensystem eingestellten elastischen
Stimmlippen, die in ein Muskel- und Knorpelsystem eingefügt sind.
Die Luft unterhalb der Stimmritze macht zu Beginn und am Ende
jeder Schwingung Druckschwankungen durch, entsprechend dem
Öffnen und Schließen der Stimmlippen."[+] Dabei werden die Stimmlippen auseinandergetrieben und wieder angesaugt, also zusammen-
geführt.

Die Muskelfasern im Stimmbandmuskel kreuzen einander in verwir-
render Art, sind zum Teil in Muskelbündel zusammengefaßt, von
denen jedes wieder ziemlich selbständig agieren kann, d. h. sie
können sich einzeln an- und abspannen, womit die Form der Stimmlippen immer wieder verändert wird. Durch diese Veränderbarkeit
gewinnt die menschliche Stimme erst ihre Modulationsfähigkeit.

Kontrahieren sich die beiden stärksten Muskelbündel innerhalb der
Stimmlippen, werden die Stimmlippen besonders gestrafft und
gespannt. Durch Bewegungen der einzelnen Teile des Kehlkopfs
werden die Stimmlippen zusätzlich noch gedehnt; dadurch werden
sie verlängert und schlanker gemacht. Doch nicht nur die Stimmlippen werden gedehnt, sondern auch die Randbezirke der Stimmfalten,
die Stimmbänder, die keine Möglichkeit zu einer selbsttätigen Arbeit besitzen; sie werden nur "getan". Erst durch die gemeinsame
Arbeit der spannenden und dehnenden Muskulatur wird die Voraussetzung für den guten Gesangston geschaffen.

Je enger die Stimmfalten in gespanntem Zustand zusammenrücken,
um so besser wird der S t i m m b a n d s c h l u ß , um so größer der
"Tonkern" sein. Für diesen Verschluß ist die Arbeit der beiden
Muskeln L a t e r a l i s und T r a n s v e r s u s wichtig. Sie heißen
"Schließer", weil sie die Stimmritze schließen und keine Überluftung
des Tons zulassen.
Für die Feineinstellung der Stimmfalten, das Legatosingen, den
weichen, klingenden Einsatz, das besonders schöne Timbre ist die
äußerste Randzone der Stimmfalten verantwortlich. Sie ist durch
die Enden von Muskelfasern mit den Stimmlippen verbunden und
braucht besonders feine Schulung; man spricht von der R a n d s t i m m -
f u n k t i o n .
Schließen die Stimmfalten aus irgendeinem Grund nicht (zu hören an
der Überluftung des Tons), ist die Ursache festzustellen und zu beheben (evtl. von einem Stimmarzt) oder mit dem Singen aufzuhö-
ren, um größere Schäden im Stimmapparat zu vermeiden. (Siehe

[+]Luchsinger/Arnold: Die Stimme und ihre Störungen. 3. Auflage, Springer, Wien 1970.

Kapitel "Stimmerkrankungen" unter "Internus- und Transversus-schwäche".)

Oberhalb der Stimmfalten befinden sich kleine Höhlen, die M o r - g a g n i s c h e n   T a s c h e n , die durch die T a s c h e n f a l t e n , die sogenannten "falschen Stimmbänder", nach oben zu abgedeckt werden. Beiden kommt bei der Tongebung eine gewisse Bedeutung zu. Die Morgagnischen Taschen dienen der Resonanz und besitzen Drüsen, durch deren Sekret die Stimmfalten angefeuchtet werden; die Taschenfalten bilden beim Husten und bei bestimmten Preßvorgängen einen Verschluß. Über ihre genaue Bedeutung bei der Tongebung ist man sich jedoch noch nicht im klaren.

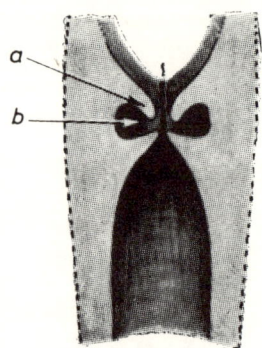

Abb. 25   a Taschenfalten ("Falsche Stimmbänder")
                b Morgagnische Taschen

Zur Erzielung des weichen Stimmeinsatzes und eines guten Stimmbandschlusses siehe die Übungen auf Seite 67 und 68.

Die Stimmregister

Das sind Stimmqualitäten, die durch verschiedene Masse- und Spannungsverhältnisse in den Stimmfalten zustandekommen. Die Summe der Töne, die mit ein- und demselben Masse- und Spannungsverhältnis gesungen werden können, ergibt ein Register.

Es gibt:
1. B r u s t r e g i s t e r oder Bruststimme: Es ist das Register des Hauptmuskels der Stimmfalten, der Stimmlippen. Sie sind eher wulstig und schwingen in ihrer ganzen Breite. Isoliert, d. h. ohne Mitschwingen der Randzone, klingt die Bruststimme derb und rauh. Das Brustregister ist nach oben hin begrenzt: bei den tiefen Männer-

und Frauenstimmen mit maximal d bzw. d', bei den hohen Stimmen mit maximal f bzw. f'. Von der isolierten Bruststimme gibt es keinen fließenden Übergang ins Kopfregister, weil an der oberen Grenze der Bruststimme ein Punkt erreicht ist, an dem die Stimmlippen maximal gespannt sind.

2. K o p f r e g i s t e r oder Kopfstimme: Es ist das Register der Randzone der Stimmfalten, der Stimmbänder. Die Stimmlippen erscheinen dabei verlängert, verdünnt, und nur die Randzonen schwingen. Der Ton klingt leicht, schwebend, weich, eher samtig dunkel, ohne besonderen "Kern". Während das Brustregister nach oben hin in seiner Ausdehnung begrenzt ist, bestreitet das Kopfregister das Piano im gesamten Stimmumfang und sollte auch in jedem Forteton mitschwingen. Physiologisch heißt das, daß zur Vollschwingung der Stimmlippen unbedingt auch das Mitschwingen ihrer Randzone, der Stimmbänder, gehört. Das erst gibt dem Forteton das schöne, runde Timbre, nimmt ihm die Härte und Schärfe.

3. M i t t e l r e g i s t e r oder Mittelstimme: Dabei kommt es nach der Tiefe zu zu einer gradweisen Beteiligung der aktiven Stimmlippentätigkeit, nach der Höhe zu zu einem gradweisen Abbau der Spannungsverhältnisse. Der Ton hat "Kern", die Klangfarbe ist eher hell.

Zu diesen drei Hauptregistern treten noch:
- P f e i f r e g i s t e r bei den Frauenstimmen: Es setzt über c''' ein und entsteht wohl ähnlich dem Flageoletteton auf der Geige durch Verkürzung des schwingenden Teils der Stimmlippen;
- F a l s e t t bei den Männerstimmen: Es entsteht dadurch, daß einige notwendige Funktionen bei der Tongebung ausfallen. So kommt es eigentlich zu einem Kollabieren des Organs. Der Ton klingt dünn, ist nicht tragfähig, es fehlen Kern und Schwellfähigkeit;
- S t r o h b a ß r e g i s t e r bei den Männerstimmen: Es schließt an das untere Ende des Brustregisters an. Dabei stellt sich eine flatternde Art von Schwingungen der Stimmlippen ein, wobei wahrscheinlich nicht jede Schwingung tonerzeugend wirkt; die Töne klingen ein wenig schnarrend.

Es wäre völlig falsch, an den Registern einzeln zu arbeiten. Das Ziel der Stimmbildung - und sicher auch von der Natur so vorgesehen - ist das E i n r e g i s t e r. Es ist dann erreicht, wenn alle Muskeln zusammenarbeiten, keiner isoliert wird, die Masse- und Spannungsverhältnisse und damit die Schwingungsvorgänge in den Stimmfalten bruchlos nach den jeweiligen Erfordernissen wechseln. Dann wird auch die Stimme in ihrem ganzen Umfang so ausgeglichen sein, daß störende Übergänge nicht zu hören sind.

Gelingt dieses Ineinanderüberführen der Register nicht, kommt es
zu unangenehmen Bruchstellen, den sogenannten R e g i s t e r d i v e r -
g e n z e n , die sich in einem jähen Umschlagen des Tons in das
andere Register zeigen. Im weiteren Verlauf kann es zum Ausfall
eines Tons oder mehrerer Töne an den Bruchstellen kommen.

Dabei ist bei den Bässen der Übergang zur Höhe im Bereich b-d'
besonders gefährdet; bei den Altstimmen der Bereich b-d' als Übergang von der Brust- zur Mittelstimme und der Bereich b'-d'' als
Übergang von der Mittel- zur Kopfstimme; bei Tenören und Sopranen liegen die gefährdeten Übergänge etwas höher: bei d-f und d'-f'
bei Tenören, eine Oktav höher bei Sopranen.

Die Stimme darf nie mit aller verfügbaren Kraft bis an die Übergangsstellen herangeführt werden, sondern muß schon einige Töne
vorher "abgeschlankt" und kopfig gemischt werden.

Besonders gefährdet sind Kinderstimmen: in Altlage eingesetzte, die
in der Tiefe oder Mittellage forciert werden; Sopranstimmen, die
nicht schlank genug zur Höhe geführt werden oder gar als zweite oder
dritte Stimmen eingesetzt werden, nur weil sie gut "Stimme halten"
können. Dadurch entstehen Schäden, die mitunter nie wiedergutzu-
machen sind.

Zum Lagenausgleich, zur Basierung der Stimme sowie zur Entwicklung und Beimischung des Kopfklangs siehe die Übungen auf den
Seiten 71, 69, 63.

Das Ansatzrohr

Damit werden die Räume bezeichnet, die oberhalb der Stimmlippen
liegen, nämlich Kehl-, Rachen-, Mund- und Nasenraum; in zweiter
Linie zählen die Höhlen des Kopfes dazu.

Das Ansatzrohr hat eine doppelte Aufgabe zu erfüllen:
- es dient der Bildung der Laute, ist also für die gute Artikulation
  verantwortlich;
- es dient als hauptsächlicher Resonanzraum des Kopfes.

Der Nasenraum ist vom Mundraum durch den G a u m e n getrennt,
dessen vorderes Stück der knöcherne h a r t e G a u m e n bildet,
dessen hinterer Teil hautartig ist = w e i c h e r G a u m e n oder
"Gaumensegel" mit den Gaumenbögen und dem
Z ä p f c h e n .

Das G a u m e n s e g e l ist leicht beweglich; es kann gehoben und
gespannt werden. Durch das Spannen kann es gemeinsam mit der
Zunge den Mund- vom Rachenraum trennen, durch das Heben

gemeinsam mit der hinteren Rachenwand den Mundrachenraum gegen den Nasenrachenraum verschließen.

In der Mundhöhle liegt als sehr bewegliches und verformbares Muskelorgan die Z u n g e , die eine besonders wichtige Rolle bei der Artikulation spielt (siehe Kapitel "Artikulation") und durch ihre Stellung den Gesangston wesentlich beeinflußt.

Eine der Hauptaufgaben der Stimmbildung ist die Arbeit am Ansatzrohr. Dabei sind die Lockerheit und Elastizität dieses Bereichs, verbunden mit seiner größtmöglichen Weitung anzustreben. Ich habe mit Absicht die Lockerheit an die erste Stelle gesetzt, weil das Weitmachen des Ansatzrohrs oft zu krampfartigen Haltungen (erzwungene Tiefstellung der Kehle) und zu Verspannungen der Wände führt. Die Wände des Ansatzrohrs müssen so elastisch sein, daß sie durch die einströmende Luft ohne Zwang und Krampf zurückweichen, die Räume weitmachen und das Ansatzrohr so für das Klanggeschehen bereitstellen.

Diese elastische Weitung läßt sich am besten durch die beiden Übungen 54 und 55 (mit Intention) erreichen oder durch Hilfsvorstellungen, wie etwa: erstaunt sein, freudiges Erwarten, die Luft eintrinken. Bei all diesen Vorstellungen weitet sich das Ansatzrohr, das Gaumensegel hebt sich, die Kehle als Antagonist zum Gaumensegel sinkt.

Da die maximale Hebung des Gaumensegels mit gleichzeitigem Sinken der Kehle beim Gähnen erreicht wird, ist auch das Gähnen als Vorstellung sehr beliebt. Wohl aktiviert das Gähnen den gesamten Atem- und Stimmapparat, doch birgt es - übertrieben ausgeführt - die Gefahr in sich, daß an die Stelle von zwangloser Weitung verkrampfte Fixierungen des weichen Gaumens und der Kehle treten, daß Schlund- und Zungenschnürer aktiviert werden, die eine entspannte Tongebung unmöglich machen.

Gute Vorstellungen sind auch der "weite, offene Hals" oder die "offene Kehle". Als Übungsvokale bieten sich zunächst die dunklen Vokale u und o an, weil bei ihnen die Kehle von Natur aus am tiefsten steht.

Die Resonanz

Dabei werden die Schwingungen eines tönenden Körpers auf andere zum Mitschwingen geeignete Körper oder auf Luft in halbgeschlossenen Räumen übertragen: das hat meist eine Verstärkung des Tons zur Folge.

Im menschlichen Körper gibt es zwei große Resonanzbezirke:
1. K o p f r e s o n a n z : Alle Räume, die über den Stimmfalten liegen, sind einbezogen, im besonderen Schlund-, Rachen-, Mund-

und Nasenraum. Inwieweit die Höhlen des Kopfes, wie Stirn-, Keilbein-, Siebbein-, Pauken- und Kieferhöhle an dem Resonanzgeschehen beteiligt sind, ist noch nicht ganz geklärt; daß ihr Anteil beträchtlich ist, kann mit Sicherheit angenommen werden.

Innerhalb der Kopfresonanz gibt es wieder zwei Resonanzbezirke:
a) die Kuppel: Das sind die hinteren Resonanzräume von den Stimmfalten aufwärts bis in den Hinterkopf. Das Klangprodukt ist weich, rund, samtig, dunkel;
b) die Maske: Das sind die vorne sitzenden Resonanzräume, wie vordere Mundhöhle, Nasenraum, Stirn, Augenhöhlen. Sie geben dem Ton das Helle, Strahlende, Glänzende, das "Metall".
Der Nasenrachenraum kann mit dem Mundrachenraum in enger Verbindung stehen, wie z. B. bei der Nasenatmung; er kann aber auch durch das Gaumensegel gegen die hintere Rachenwand abgeschlossen werden, wie bei den meisten Lauten unserer Sprache. (Ausnahmen: m, n, ng.)

2. Brustresonanz: Das Resonanzgeschehen spielt sich im Brustraum bis zum Kehlkopf ab und ist wesentlicher Bestandteil des Körperklangs.

Bei der Arbeit an der Resonanz ist es wichtig, darauf hinzuarbeiten, daß nicht eine einzige Resonanzart vorherrscht, sondern daß alle Resonanzräume in das Klanggeschehen einbezogen werden. Im höchsten Ton soll noch Körper mitschwingen, im tiefsten muß Kopfresonanz enthalten sein.

Für gute Resonanz ist die Güte der Atmung Voraussetzung. Ist die Atmung schlecht, erschließen sich auch die Resonanzräume nur schwer oder gar nicht. Durch übermäßigen Atemdruck versteifen sich die Wände, sie nehmen die Schwingungen nicht auf und geben sie nicht weiter. Der Ausweg führt zur Triebresonanz. Dabei wird die Luft mit starkem Druck meist in den Nasenraum getrieben, der als Resonator dient, wobei die umliegenden Wände versteift sind, so daß ein enges, gequetscht näselndes Klangprodukt entsteht.

Darauf zu achten ist, daß der Gesangston nicht vom Atem in die Resonanzräume geschoben oder gestoßen wird. Eine gute Vorstellung ist, daß die Luft einfach stehen bleibt und auf der Luft der Ton sitzt, der sich ganz von selbst kraft seiner Eigenschwingungen in den Resonanzräumen fortpflanzt.

Beim "Ansetzen" eines Tons werden, wahrscheinlich über "Befehl" vom Zentralnervensystem, die Räume aktiviert, die bei der Tongebung mitschwingen sollen. Dabei sind Klangvorstellungen und Klangwille wesentliche Komponenten zum guten Gelingen.

Es gibt verschiedene "Punkte", an denen sich ein Ton ansetzen läßt. Sie reichen vom Bereich harter Gaumen - obere Schneidezähne über Nasenwurzel - Augen - Stirn, das Schädeldach, den Nacken, den weichen Gaumen bis zum Brustbeinbereich. Dabei ist wichtig zu wissen, daß alle Ansatzpunkte im Maskenbereich dem Ton Kern, Strahlkraft, Helligkeit verleihen, während die Ansatzpunkte im Bereich weicher Gaumen - Kuppel das Dunkle, Samtige, Weite in den Ton bringen (= den "gedeckten" Ton).

Zur Weitung der Resonanzräume siehe den letzten Abschnitt des Kapitels "Ansatzrohr".

Zur Erschließung der Resonanzräume siehe die Übungen Seite 63 und die Übungen 132 bis 134.

Zur ruhigen Atemführung siehe die Übungen 40, 49 bis 53.

Die Stimme

Der Stimmeinsatz

Das ist die Art, wie sich die Stimmfalten im Augenblick der Tongebung verhalten. Dabei sind zu unterscheiden:

a) Der gehauchte Einsatz: Luft entweicht, bevor sich die Stimmfalten schließen; vor dem Ton ist ein mehr oder weniger starkes Hauchgeräusch zu hören. Das ist deshalb schlecht, weil es nach und nach zu einer Erschlaffung der Stimmfalten führt.

Ursachen:
- zu wenig Elastizität vom Zwerchfell her (Übungen 46, 47, 48, 56)
- schlechte Arbeit der Stimmfaltenschließmuskeln (Übungen 95-101)
- schlecht innervierte Randzonen der Stimmfalten oder leichte Schwellung durch Überanstrengung. (Übungen zur Erschließung der Randstimmfunktion Seite 63.)
  Übungen zur Erzielung des weichen Stimmeinsatzes Seite 67.

b) Der harte Einsatz: Die Stimmritze wird vor der Tongebung durch die Stimmfalten fest verschlossen. Luft staut sich unter der Stimmritze und entweicht bei der Tongebung mit knallartigem Geräusch (= coup de glotte, Glottisschlag). Das ist deshalb schlecht, weil die Luftstauung mit der darauffolgenden "Explosion" die Stimmfalten reizt und über Gebühr ermüdet; es kommt zu verstärkter Sekretion und Heiserkeit.

Ursachen:
- zu starker Atemdruck; daher zunächst gehauchte Einsätze üben,

dann das "h" nur mehr denken, schließlich ganz weglassen; dazu die Übungen: 40, 49 bis 53.

- Überbrustung der Stimme: die Randzonen der Stimmlippen arbeiten nicht; dazu siehe die Übungen unter c).
- Verspannungen in der Kehl- und Halsmuskulatur; dazu als Übungen: entspannendes Weiten, Gefühl des Erstauntseins, das "Ah" des Wohlbehagens.

c) Der w e i c h e Einsatz: Schon der erste Atemimpuls versetzt die Randzonen der Stimmfalten in Schwingungen, die mit zunehmendem Atemdruck weiter um sich greifen bis zur Vollschwingung. Dies ist der beste Einsatz, weil er für das Organ am schonendsten ist. Er muß bei allen Singenden erzielt und sollte auch beim Sprechen angewendet werden. Zu seiner Erzielung siehe die Übungen zur Erzielung der Randstimmfunktion Seite 63 und zur Erzielung des weichen Stimmeinsatzes Seite 67.

Emotionelle Einstellung: Erstaunen, Freude, Bewunderung.

Achtung auf die Beendigung eines Tons! Er darf gegen sein Ende zu nicht porös werden, bis nur mehr Hauch übrigbleibt, auch darf sich unter der Stimmritze angestaute Luft am Ende nicht knallartig entladen. Richtig ist das w e i c h e A b s e t z e n des Tons, der ohne Geräusch ausklingen soll.

Mit dem Einsetzen des Tons verbunden ist die richtige I n t o n a t i o n, d. h. das Einstellen des Stimmorgans auf eine bestimmte Tonhöhe. Das geschieht wieder automatisch durch das Zentralnervensystem. Voraussetzung ist ein gutes Gehör, das die richtige Tonvorstellung erst ermöglicht. Daher sollen neben der Ausbildung der Stimme von jedem Chorleiter auch Übungen zur Gehörbildung seiner Sänger in die Arbeit eingebaut werden.

Die Artikulation

Darunter ist die Bildung der Laute zu verstehen. Die richtige Bildung der Laute ist eine wesentliche Vorbedingung für die richtige Tonbildung. Auch bei der Artikulation hat das Zentralnervensystem eine Hauptfunktion zu erfüllen. Von ihm gehen die Impulse an Kehlkopf, Atemmuskulatur, das Ansatzrohr aus und wird die Artikulationsstelle bestimmt und bereitet, so daß es im Augenblick der Tongebung zu einem harmonischen Zusammenspiel aller Teilfunktionen kommt. Jede Steigerung der Aufmerksamkeit, die Absicht, etwas zu tun, oder eine Emotion bewirken über das Zentralnervensystem immer eine Tonuserhöhung der Muskulatur. "Dabei wird aus dem Sehen ein Spähen, aus dem Hören ein Lauschen, aus dem Anfassen ein Anfühlen", wie Coblenzer/Muhar[+] formulieren. Da wird keine Teilbewegung isoliert ausgeführt, weil sie alle zentralgesteuert sind.

Vieles gilt für das richtige Singen und Sprechen gleichermaßen: die gute Haltung, das Grundlegende der Atmung, der Vordersitz bei der Artikulation, die Bereitstellung der Resonanzräume. Sowohl das Singen als auch das Sprechen bestehen aus einem dauernden Wechselspiel von Vokalen und Konsonanten. Daß aber ein ausgezeichneter Sprecher noch lange kein guter Sänger ist, beweist, daß die Singfunktion sich in Grundlegendem von der Sprechfunktion unterscheidet.

An der Artikulation beteiligt sind:
a) die Lippen, die immer locker und unverspannt sein müssen, auch wenn sie zur Formung bestimmter Vokale herangezogen werden. So werden die Mundwinkel bei o, ö, u und ü etwas zusammengenommen, die Lippen etwas vorgewölbt und gerundet. Vorstellung: Kußmund, Sängerschnute, eine Kirsche zwischen den Lippen haben.

Bei e und i wird der Mund etwas breiter genommen. Vorsicht vor jeder übertriebenen "Breitspannung", die nur zu Verspannungen im Bereich der Gesichtsmuskulatur führt.

Zur Lockerung der Lippen siehe Übung 150.

b) der Unterkiefer, der gleichfalls immer locker sein muß, woran besonders bei e und i immer wieder erinnert werden muß, weil da der Unterkiefer am meisten angehoben wird und man die Lockerheit nur schwer kontrollieren kann.

Der Mund darf nicht zu weit aufgerissen werden. Die Öffnung beim Vokal a, bei dem diese Gefahr in besonderem Maße besteht, sollte etwa so weit erfolgen, wie beim Toten der Unterkiefer herabfällt; das ist bis zu dem Punkt im Kiefergelenk, bei dem bei der Öffnung ein Widerstand zu überwinden ist.

Auch bei o und u muß der Kiefer geöffnet sein, und zwar fast mit der gleichen Öffnungsweite wie bei a, nur durch die Lippenformung nicht so gut sichtbar.

Verspannungen im Bereich des Unterkiefers setzen sich bis in den Kehlbereich fort, verhindern den guten Ansatz und den Zugang zur Kopfresonanz. Die Stimme klingt gepreßt, kehlig, brustig.

Zur Lockerung des Unterkiefers siehe Übungen 151 bis 153.

[+]Coblenzer/Muhar: Atem und Stimme. Österreichischer Bundesverlag, Wien 1976, S. 105.

c) d i e Z u n g e : Sie trägt einen Hauptanteil an der Artikulations-
arbeit, muß daher in allen Teilen gut elastisch sein. Sie ist ein
stark fleischiger Muskel; eine geringe Veränderung der natürlichen Lage hat daher große Auswirkungen auf das Ansatzrohr und
damit auf das Klangprodukt.

Fehlspannungen der Zunge:
- der "d u n k l e K n ö d e l" , bei dem die Zunge zurückgeschoben
  wird, wodurch ihr massiger Teil den Schlundraum verengt. Das
  Ergebnis ist ein dumpfer Klang, die Vokale sind alle verfärbt. Die

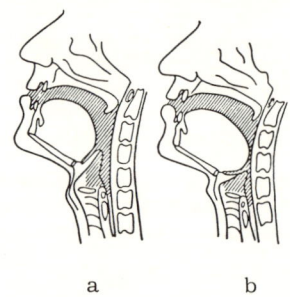

a   b

Abb. 26   Der "dunkle Knödel"
           Lage der Zunge bei: a frei klingendem "ö"
                                b geknödelt klingendem "ö"

Ursache liegt meist in einem falschen Druck auf die Zungenwurzel
(vom Atem her) und in falscher Arbeit durch die Schlundmuskulatur.
Hilfe wird daher nicht nur von der Zunge her kommen können, sondern vor allem durch Entspannung im Kehl-, Schlund- und Rachen-
bereich. Oft sind falsche Gähnvorstellungen im Zusammenhang
mit versuchter Weitung die Ursache.
der "h e l l e K n ö d e l" , bei dem sich der vordere Teil des
Zungenrückens aufstellt und verspannt; dadurch wird die Mundhöhle verkleinert und der Zugang zu den hinteren Resonanzräumen
des Kopfes erschwert. Der Kehlkopf ist dabei hochgezogen. Diese
Fehlhaltung tritt oft bei Tenören auf und bei Stimmen, die auf
Helligkeit und Maskenklang trainiert werden.

Therapie ist: Entspannung im Kehlbereich; vor allem Korrektur
der Atmung, lockere Weitung, vorwiegend Arbeit mit dunklen
Vokalen, Erschließen der Resonanzen der Kuppel.

Für alle Vokale gilt als Ziel: die auch während der Arbeit völlig entspannte Zunge, deren Spitze wie im Ruhezustand in dem Raum liegen bleibt, der von den unteren Schneidezähnen begrenzt wird; nur der Zungenrücken hat durch Heben und Breiterwerden seine Arbeit an der Artikulation der Vokale zu leisten.

Zur Lockerung der Zunge siehe Übungen 148 und 149.

d) der weiche Gaumen (siehe auch Kapitel "Ansatzrohr"): Er gibt bei der Nasenatmung den Zugang zum Nasenrachenraum frei, so daß die Luft ungehindert ein- und ausstreichen kann und verschließt bei den meisten Lauten den Nasenraum, indem er sich an die hintere Rachenwand legt. Schließt der weiche Gaumen nicht ganz an die Rachenwand an, kommt es zum Näseln, weil dann bei allen Lauten der Zugang zum Nasenraum geöffnet ist. Eine alte Regel heißt: Der Vokal darf nicht in der Nase liegen, aber Nase muß in jedem Vokal vorhanden sein; d. h. daß Nasenresonanz als Teil des Resonanzgeschehens der Maske an jedem Klanggeschehen beteiligt sein soll. Kontrolle: Nase zuhalten; beim Näseln bleibt der Ton fast weg, beim Ton mit Nasenresonanz ändert sich fast nichts.

Häufig sind starke Verspannungen im weichen Gaumen, die den Zugang zur Höhe sehr erschweren oder überhaupt unmöglich machen. Die Ursachen liegen meist im Kehlbereich (Verspannungen durch falschen Atemdruck).

Aber auch das Gegenteil, die Schlaffheit des weichen Gaumens, ist häufig anzutreffen. Das hängt meist mit Schlaffheit im Zwerchfellbereich, schlampiger Aussprache, schlaffer Konsonantierung zusammen und muß von dort behoben werden; seine Ursachen hat es oft im psychischen Bereich.

Zur Lockerung des weichen Gaumens siehe Übungen 154 bis 156.

Die einzelnen Laute

Die Artikulation der Konsonanten besteht in der Bildung von Hemmstellen, die Artikulation der Vokale in der Gestaltung von Resonanzräumen.

A. Die Selbstlaute (Vokale)
Eine gute Vorstellung von den Resonanzräumen der einzelnen Vokale vermittelt

Übung 57:
Wir stellen uns nacheinander die Vokale vor, stellen dementsprechend das Ansatzrohr ein und blasen mit der Atemluft die Resonanzräume

ohne Druck an: u o a e i. Wir sehen, wie die Resonanzen von der Tiefe (u) bis zur Höhe (i) stetig steigen.

U, i, a gelten als U r v o k a l e , weil sie bereits das Kleinkind und auch verschiedene Tiere produzieren und der Mensch sie bei elementaren Körpervorgängen, wie Husten, Niesen, Lachen erzeugt.

Für alle Vokale, gesprochen oder gesungen, kann als Vorstellung die klingende Säule dienen, die vom Zwerchfell bis zum Schädeldach reicht. Artikulationsstelle für alle Vokale ist der vordere Mundbereich.

"U" wird von Husler als Kehlöffner bezeichnet. Die Kehle steht dabei am tiefsten, was dem Ansatzrohr zu seiner größten Ausdehnung verhilft. Die Stimmritze klafft etwas, wodurch sich leicht Körperklang einstellt. Das Ansatzrohr ist weit; durch die Tiefstellung der Kehle wird auch der weiche Gaumen angehoben, wodurch der Zugang zu den Resonanzräumen der Kuppel gewährleistet ist. Dadurch bekommt der Vokal seine stark kopfige Mischung. Er ist der Vokal für den Kuppelklang.

Auch die Randstimmfunktion läßt sich gut mit ihm erüben. Es ist jedoch darauf zu achten, daß der Vokal nicht "verblasen" wird, d. h. daß die Luft beim Lippenrund ausgeblasen wird, ohne sich zu einem Ton verdichtet und die Resonanzen ausgenützt zu haben (Hilfsvorstellungen: Ansaugen des Tons, beim Hinterkopf hinaussingen, das "inhalare la voce" der Italiener). Über die Mundstellung siehe Kapitel "Artikulation": die Lippen. Das u darf nicht wegen fehlender Eigenresonanz zum o hin abgeändert werden.

Übung 58:
BLUT , MUT , GUT mit etwas länger gehaltenem u zunächst sprechen, volltönend, leicht ansaugend, in die weit bereitgestellten Räume.

Ü.G.: Danach trachten, daß sich das Gefühl der klingenden Säule von der Körpermitte bis zum Schädeldach einstellt, wobei besonders wichtig die Resonanzen des Kopfes und der Stirn sind. Nach jedem End -t gut abspannen, so daß die Nachatmung reflektorisch erfolgt. "Auf den Widerhall der Stimme im Körper lauschen."

Übung 59:
Vorstellung: Ich möchte jemanden schrecken; ein u wird dabei möglichst dunkel, weit und ansaugend gesprochen, wobei es höher angesetzt und dann zur Tiefe gezogen wird.

Übung 60:
UNO, UHLAND sprechen.

Ü.G.: Das u wird ganz leicht in äußerster Randstimme über den
Augen in der Stirn angesetzt und im Glissando bis in größtmögliche
Tiefe hinuntergezogen. Dabei darf der ursprüngliche Kopfklang
nicht verlorengehen. Vorstellung: Das u ist mit einem Faden in der
Stirn befestigt, so daß der Klang immer nach oben strahlt. Beim
Ansetzen die Vorstellung haben, als sei das u vor der Stirn fertig
vorgebildet, und ich nehme das fertige Produkt ganz zart über die
Augen-Stirnpartie in mich auf. Die Übung ist gut für das Herunter-
ziehen von Kopfklang und für das Zudecken von Registerdivergenzen.

"O" ist ein Mischvokal aus u und a: Die Kehle steht noch tief, der
Unterkiefer senkt sich etwas, auch der Zungenrücken, wodurch die
Mundhöhle vergrößert wird. Dadurch bekommt der Klang mehr
Vorderresonanz. Es ist der Vokal der "Rundung", besonders nach
dem Schädel zu. Auch hier wie bei u das Entweichen unverbrauchter
Luft verhindern. Wichtig ist der Unterschied zwischen dem geschlos-
senen, mehr dem u zuneigenden o und dem offenen, das mehr vom
a-Klang in sich hat.

Übung 61:
NOT, TOD, LOT für geschlossenes o,
FORT, GOTT, DORT für offenes o.

Die Ü.G. wie bei Übung 58.

Übung 62:
Vorstellung: Höchstes Erstaunen (geschlossenes o).
Jemanden abwehren, im Sinne von: Nicht so zudringlich! (offenes o).
Sonst wie Übung 59.

Übung 63:
OHNE, OFEN für geschlossenes o,
OFFEN, OST für offenes o.

Die Ü.G. wie bei Übung 60.

"A": Der Mund hat seine größte Öffnung, der Unterkiefer ist locker
geöffnet bis zu dem Punkt, an dem er im Kiefergelenk einen Widerstand überwinden müßte; die Zunge liegt flach im Ruhezustand; die
Mundhöhle hat ihre größte Ausdehnung. Der Zugang zu den Resonanzräumen der Maske ist gegeben. Die Spanner in den Stimmfalten arbeiten intensiv, die Stimmritze ist geschlossen. Das gibt dem Klang
Kern, Metall, birgt aber zugleich auch die Gefahr des Flachen,
Plärrigen in sich, wenn nicht auch die hinteren Resonanzräume mit-

schwingen und die Ränder der Stimmfalten innerviert sind. Vorsicht besonders bei Kinderstimmen, die ohnehin zum Schreien und Überbrusten neigen.

Zu beachten ist, daß Mundweite nicht gleichzusetzen ist mit Kehl- und Rachenweite, im Gegenteil: Je weiter der Mund aufgerissen wird, desto enger werden mitunter die Resonanzräume.

Übung 64:
NAHT, SAAT, BAD mit länger gehaltenem a sprechen.
Sonst wie Übung 58.

Übung 65:
Vorstellung: Ausdruck des höchsten Wohlbefindens oder im Sinne von: "Ah, das war gut!" Hier ist das Ansauggefühl noch wichtiger, weil die Mundöffnung am größten ist.
Sonst wie Übung 59.

Übung 66:
AMEN, AHNUNG.
Die Ü.G. wie bei Übung 60.

"E" ist ein Mischvokal aus a und i, wobei zu unterscheiden ist zwischen der geschlossenen e-Form, die mehr vom i, und der offenen Form, die mehr vom a in sich trägt.
Der Zungenrücken ist breit gegen den Gaumen angehoben, verkleinert dadurch die Mundhöhle und lenkt die Hauptresonanz in die oberen vorderen Kopfräume. Zu beachten ist, daß die entspannte Zungenspitze leicht Fühlung mit der unteren Zahnreihe beibehält. Der Unterkiefer ist etwas angehoben, muß aber locker gehalten werden.

Das e ist der Vokal der "breiten" Resonanz, was mehr in der Vorstellung verankert sein sollte, als daß man es als Breitspannung ausführe. Gut bewährt sich die Vorstellung eines breiten Resonanzbandes über den Augen in der Stirn (etwa um den Haaransatz) mit zwei Abstrahlungspunkten an den oberen Schläfen. Der harte Gaumen muß entspannt sein.
Vorstellung: Er ist porös wie ein Sieb. Wichtig ist die Weite der hinteren Resonanzräume, die unbedingt mitschwingen müssen, weil sonst die Kehle steigt und der Klang eng, scharf und flach wird.

Übung 67:
BEET, MET, SEELE für geschlossenes e,
BETT, FETT, GESPENST für offenes e.
Sonst wie Übung 58.

Übung 68:
Vorstellung: Im Sinne von: "He, du!" oder: "Geh, was du nicht
sagst!" für geschlossenes e.
Im Sinne von: Spott oder leichtem Ekel für offenes e.
Sonst wie Übung 59.

Übung 69:
EVA, EMIL für geschlossenes e,
ENTE, ERNTE für offenes e.
Sonst wie Übung 60.

"I": Dabei ist der Zungenrücken hochgestellt, die Mitte des Zungenrückens stärker als bei e; dadurch wird die Mundhöhle noch mehr
verkleinert, die Resonanz liegt eindeutig in der Maske. Während das
e in der Stirn ein breites Resonanzband entwickelt, bündelt das i
seine Resonanz mehr gegen das Schädeldach und die obere Stirnpartie.
Wie bei e muß der harte Gaumen entspannt sein, müssen die hinteren
Resonanzräume geweitet sein, darf die Kehle nicht steigen und muß
der Unterkiefer locker gehalten werden, obwohl die Zähne nur einen
kleinen Spalt freilassen. Das i darf nicht wegen fehlender Eigenreso-
nanzen zum e abgeändert werden.

Übung 70:
BEAT, LIED, SIEB mit länger gehaltenem i sprechen.
Sonst wie Übung 58.

Übung 71:
IDA, IBIS.
Sonst wie Übung 60.

B. Die Umlaute
"Ö": Es nimmt eine zentrale Stellung in der Vokalformung ein: es
bringt durch seinen O-Bestandteil viel Körperklang mit und durch die
E- und I-Bestandteile die Helligkeit der Kopfresonanz. Dadurch kann
es gute Dienste beim Ausgleich dieser beiden Resonanzbezirke
leisten.
Auch bei ö gibt es eine geschlossene und eine offene Form, wobei die
geschlossene mehr nach o, die offene mehr nach a zu tendiert.

Übung 72:
NÖTE, SÖHNE, TÖNE für geschlossenes ö,
LÖFFEL, TÖCHTER, BLÖCKE für offenes ö.
Sonst wie Übung 58.

Übung 73:
ÖSE, ÖL für geschlossenes ö,
ÖSTLICH, ÖFTER für offenes ö.
Sonst wie Übung 60.

"Ü": Es setzt sich zusammen aus u + e oder i und ist somit eine ideale Brücke von den dunklen Kuppelklängen des Kopfes zur Helligkeit der Maske. Achtung auf die nötige Weitung des Ansatzrohres.

Übung 74:
LÜGE, SÜDEN, DÜNE mit länger gehaltenem ü sprechen.
Sonst wie Übung 58.

Übung 75:
ÜBEL, ÜBER.
Sonst wie Übung 60.

"Ä": Es ist eigentlich gleichzusetzen mit dem offenen e. Es ist der gefährlichste unter den Umlauten, weil es gerne zu offen plärrig und zu resonanzlos lautiert wird. Es wird besser vom geschlossenen e oder ö her erarbeitet als vom a. Tiefstellung der Kehle und Weitung des Ansatzrohrs sind besonders zu beachten.

Übung 76:
NÄGEL, SÄGE, SÄBEL mit länger gehaltenem ä sprechen.
Sonst wie Übung 58.

Übung 77:
ÄTHER, ÄHRE.
Sonst wie Übung 60.

C. Die Zwielaute (Diphthonge)
"EI" oder "AI": Gesprochen als a + e, wobei das a die Betonung trägt und das e offen gesprochen wird.

"AU": Gesprochen als a + o, wobei das a die Betonung trägt und das o offen gesprochen wird.

"EU" oder "ÄU": Gesprochen als o + ö, wobei beide Laute sehr offen, dem a angenähert lautiert werden und das o die Betonung trägt.

Beim Singen von Vokalen ist zu beachten, daß die Vokale aus physikalischen Gründen nur in einem bestimmten Frequenzbereich klar artikuliert werden können. Dieser Frequenzbereich endet etwa bei fis'' Etwa von g'' an werden alle Vokale nach a umgefärbt, dessen Formantenbereich höher hinaufreicht. Auf a'' darf also kein dunkles u oder helles i gefordert werden. Das ist eine

physikalische Gesetzmäßigkeit: F o r m a n t e n g e s e t z e , gegen
die ohne Schaden für die Stimme nicht verstoßen werden darf. Nach
der Tiefe zu gibt es für die menschliche Stimme keine Begrenzung
in der Formung der Vokale.

Das Decken:

Darunter versteht man ein geringfügiges Verdunkeln der Vokale
und Umlaute: a, ä, offenes e, offenes o, offenes ö in höherer Tonlage zur Vermeidung von zu heller Klangfarbe und zur Erleichterung
des Registerausgleichs. Dabei rückt der Kehlkopf etwas tiefer, das
Ansatzrohr wird erweitert. Tiefe Männerstimmen decken ab d',
tiefe Frauenstimmen um eine Oktave höher.

Der Vokalausgleich:

Ein Ziel der Stimmbildung muß sein, jedem Vokal möglichst alle
Resonanzräume des Kopf- und Brustraums zu öffnen. Dann stellt
sich ein Klang ein, der als "Ü b e r v o k a l" bezeichnet werden
kann und zu dem dann nur das Charakteristische des jeweiligen
Vokals tritt. Damit wird dem u und o das Dumpfe, dem i die
Spitze, dem e das Enge, dem a das Flache, Plärrige genommen.

Bei zu hellem, flachem Chorklang werden dunkle Übungsvokale
herangezogen, bei Tendenz zu matter, dumpfer Tongebung helle
Einstellungen erarbeitet werden müssen. Nur wenn dieser Vokalausgleich gelungen ist, kann eine schöne melodische Linie, eine
makellose Legato-Kantilene erarbeitet werden.
Übungen für den Vokalausgleich siehe Seite 77.

D. D i e K l i n g e r
Sie werden auch als H a l b v o k a l e bezeichnet, weil sie in den
Stimmfalten regelmäßige Schwingungen erzeugen. Da aber dem
Luftstrom im Ansatzrohr Hindernisse in den Weg gestellt werden,
werden sie zu den M i t l a u t e n (Konsonanten) gezählt.

Die Arbeit an den Klingern kann eine große Bereicherung im
Resonanzbereich bringen, weil jeder Klinger, wenn er locker
lautiert wird, ein ausgezeichneter Resonator ist und seinen eigenen
Resonanzbezirk weckt. Freilich muß bei der Arbeit mit Klingern
die Kehle ganz frei und entspannt bleiben und darf keinerlei Druck
von der Kehle oder von der Zungenwurzel her ausgeübt werden,
sonst wird das Gegenteil erreicht, nämlich eine Zunahme der Verspannung und damit ein Verschließen der Resonanzräume. Auch
bei den Klingern muß das Ansatzrohr möglichst weit gehalten
werden (Vorstellung: Freudiges Erstaunen). Beim Ansetzen der
Klinger ist die Vorstellung gut, sie würden über den Augen in der

Stirn (bei ng in der Kuppel) ihre erste Schwingung haben und sich von dort ausbreiten.

"L": Die Zungenspitze wird unmittelbar hinter den oberen Schneidezähnen an den harten Gaumen gelegt. Es ist darauf zu achten, daß sie dort ganz locker liegt und nicht etwa hingepreßt wird. Die Zungenwurzel muß locker sein. Das l lockt Resonanzen der Mundhöhle und Maske.

"N": Es wird ähnlich dem l artikuliert, doch sinkt dabei das Gaumensegel, wodurch der Luftstrom in den Nasenraum geleitet wird. Darauf achten, daß die Zungenspitze ganz locker am harten Gaumen liegt; es müßte bei der Lautierung eine leichte Vibration in der Zungenspitze fühlbar sein. Das n lockt Nasenresonanz und Maskenklang.

"NG": Dabei darf kein g beim Abschluß zu hören sein! Der Weg in den Nasenraum ist frei. Die Zungenspitze liegt entspannt bei den unteren Schneidezähnen, der hintere Zungenrücken ist gehoben und liegt locker dem weichen Gaumen an. Bei der Lautierung ist eine leichte Vibration im Zungenrücken und weichen Gaumen zu spüren. Der Mund ist etwa wie bei a geöffnet. Das ng lockt Nasenresonanz und die Resonanzen der Kuppel.

Bei n und ng darf die Luft nie in die vorderen Resonanzräume getrieben werden. Immer die Vorstellung des leichten Ansaugens gegen die hinteren Schädelräume haben.

"M": Die Mundhöhle ist in das Resonanzgeschehen stark einbezogen. Die Zunge liegt im Ruhezustand in der Mundhöhle, die Lippen sind wie im Ruhezustand geschlossen (nicht zusammengepreßt!), die Zähne lassen einen kleinen Spalt frei. Wird der Klang von oben aus den Augen geholt, stellt sich ein ziemlich starkes Vibrationsgefühl auf den Lippen ein, das von der Oberlippe ausgehen sollte. Vorstellung: "Mmmmm, das war gut!"

"R": Je nach dem Artikulationsbezirk wird zwischen dem Zungenspitzen-r und dem Zäpfchen-r unterschieden. Der singende Mensch soll über das Zungenspitzen-r verfügen. Es wird durch die flatternde Zunge gegen den vordersten Teil des harten Gaumens gebildet, verlangt eine starke Spannung des Zwerchfells und ist dadurch gleichzeitig eine ausgezeichnete Übung zur Innervation des Zwerchfells. Durch die starke Vibration am vordersten Teil des harten Gaumens läßt sich mit dem Zungenspitzen-r gut an der Maskenresonanz arbeiten.

Das Zäpfchen-r wird zwischen dem hinteren Zungenrücken und dem weichen Gaumen gegen den Rachen zu gebildet und zieht unweigerlich jeden folgenden Vokal nach hinten. Schlaffhorst-Andersen nennen es eine Entartungserscheinung, eine Erschlaffungsform des Zungenspitzen-r. Ich habe das Zungenspitzen-r durch folgende Übung erlernt:

Übung 78:
Die Mitlautfolge l-n-d-t (gesprochen als: elendete, wobei die ersten beiden e-Laute offen, die letzten beiden geschlossen gesprochen werden; die Betonung liegt auf der zweiten Silbe) wird rasch hintereinander gesprochen, dann umgekehrt: t-d-n-l (die beiden zusammenstoßenden e-Laute bei de en fließen ineinander über, bzw. wird ein winziger j-Laut eingefügt). Gehen die beiden Teilübungen gut, werden sie zusammengefügt, so daß die Mitlautkette: l-n-d-t-t-d-n-l entsteht. Die Betonung liegt auf dem zweiten d. Hierbei vollführt die Zungenspitze die Bewegung, die sie beim Zungenspitzen-r als Schwingung ausführt. Schließlich wird das Tempo immer mehr forciert. Dann wird wieder auf den ersten Übungsteil zurückgegriffen und versucht, nach dem t ein r einzuschmuggeln: l-n-d-tr.

Bei der ganzen Übung müssen die Impulse von der Körpermitte her kommen, die Kehle ist "offen" und entspannt.

Die Erlernung des Zungenspitzen-r geht nicht von heute auf morgen. In weniger als ein paar Monaten wird es kaum gelingen.

Übung 79:
d-d-t möglichst rasch hintereinander sprechen (nicht dedete!); nach dem t rasch und locker abspannen, so daß eine kurze Pause entsteht. Dann die Mitlautfolge umkehren: t-d-d und nach dem zweiten d abspannen. Die Betonung liegt jeweils auf dem t. Beide Übungen gut von der Körpermitte her führen. Gelingen sie gut, wird bei der ersten Übung nach dem t ein r eingefügt: d-d-tr.

Zu den Klingern lassen sich auch die beiden Reibelaute w und stimmhaftes s einordnen, obwohl sich zu ihrem Klang ein ziemlich starkes Reibegeräusch gesellt.

"W": Das Reibegeräusch entsteht dadurch, daß die Luft durch eine Enge entweichen muß, die aus den oberen Schneidezähnen und der Unterlippe gebildet wird. Werden Unterlippe und Kehle entspannt, wird das Ansatzrohr gut geweitet und der Klang aus der Augen-Stirnpartie heruntergeholt, ist auch das w ein guter Resonator der vorderen Resonanzbezirke und der Körperresonanz.

"S (stimmhaft)": Es wird gebildet durch eine schmale Luftrinne, die vom vorderen Zungenrücken, dem vordersten Teil des harten

Gaumens und den oberen Schneidezähnen geformt wird. Die Zungen-·
spitze liegt dabei an den unteren Schneidezähnen.

Der Gebrauch des stimmhaften s wird verlangt:
- Im Anlaut vor Vokalen oder nach Vorsilben: Sage, Gesicht.
- Im Inlaut zwischen zwei Vokalen: Rasen, leise.
- Im Inlaut zwischen Vokal und Klinger: Ilse, Osmin.
Durch die Vibration im vordersten Artikulationsbezirk der Mund-
höhle ist das stimmhafte s ein guter "Maskenlocker". Auch hier ist
die Vorstellung des Klangholens aus dem Augen-Stirnbereich gut.

Fehler in der Aussprache der s-Laute (stimmhaft, stimmlos, sch)
heißen Sigmatismus. Ihre Behebung gehört in den Bereich der
Logopädie. Ich habe bei der Korrektur der fehlerhaften Aussprache
von s-Lauten gute Erfahrungen gemacht, indem ich nicht auf die
Korrektur des fehlerhaften s-Lautes hinzielte, sondern einen ganz
neuen Laut finden ließ.

Übung 80:
Ein ch wird gesprochen; durch allmähliches Vorschieben der ch-
Rinne (gebildet von Zungenrücken und Gaumen) entsteht ein für den
Sprecher neuer Laut. Dabei bleibt die Zungenspitze an den unteren
Schneidezähnen wie bei ch.

Gegen das Lispeln genügt oft ein schärferer Luftstrom, für den das
Zwerchfell den Impuls geben muß oder der Hinweis, bei tss die
Zungenspitze an die unteren Schneidezähne zu legen.

Alle Klinger eignen sich gut für die Erarbeitung der Randstimmfunktion und zum Zudecken bestehender Registerdivergenzen.

E. Die Reibe- und Verschlußlaute
Die stimmhaften Reibelaute w und stimmhaftes s sind bei den
Klingern besprochen worden. Bei den stimmlosen Reibelauten:
f(v), s(stimmlos, ß, ss), sch, ch und beim Hauchlaut h muß -
besonders im Anlaut - darauf geachtet werden, daß nicht zuviel
Luft vergeudet wird. Vorstellung: Ich sauge die Luft an und be-
nütze sie, um das Ansatzrohr zu weiten, so als fließe der Luftstrom in umgekehrter Richtung.

Die Verschluß- oder Explosionslaute: b, p, d, t, g, k entstehen durch
einen völligen Verschluß der Mundhöhle durch Lippen (b, p), Zähne
und Zunge (d, t), Zunge und Gaumen (g, k). Der Atemfluß wird
dadurch behindert. Es kommt zu einem kleinen Luftstau, der den
Verschluß schließlich aufreißt. Dabei muß die Kehle entspannt
offengehalten und das Zwerchfell gut innerviert werden. Es muß
immer wieder die nötige Atembalance herstellen und daher blitzschnell agieren. Daher sind Übungen mit Verschlußlauten gut für

die Innervierung des Zwerchfells. Durch Übungen mit t, aber auch mit p und k läßt sich die reflektorische Atmung gut erüben.

Das b wird ohne jede nasale Mitwirkung lautiert. Der Nasenraum ist am dichtesten abgeschlossen; daher eignen sich Übungen mit b oder bl gut gegen störendes Näseln (Purkinje'scher Blählaut).

Alle stimmlosen Reibe- und Verschlußlaute müssen kurz, aber prägnant lautiert werden. Das verleiht der Sprache, wie auch dem Ton Kraft und Haltung. Wieviel Energie geht bei gutsprechenden Italienern mit ihren unbehauchten p, t, k und den scharfen anlautenden s-Lauten von ihrer Sprache aus!

Es ist darauf zu achten, daß die klingenden Konsonanten auf genauer Tonhöhe einsetzen. Der Klinger darf nicht tiefer angesetzt und zum folgenden Vokal "hinaufgeschmiert" werden. Bei den nicht klingenden Konsonanten muß wenigstens die intensive Vorstellung der jeweiligen Tonhöhe vorhanden sein.

Der Atemreflex beim Sprechen

Die Streß- und Emotionsgeladenheit unserer Zeit beschert unserer gesamten Muskulatur eine Erhöhung ihres Spannungszustandes. Da die Einatmungsmuskulatur besonders umfangreich und stark ausgeprägt ist, zeigt sich dort eine besondere Anfälligkeit für Verspannungen, was sich darin äußert, daß nicht mehr abgespannt werden kann.

Man höre sich nur viele Lehrer, ja manche Radio- und Fernsehsprecher an, wie sie viel zu viele Wörter auf einem Atem sprechen, bis sie keine Luft mehr haben und geräuschvoll nach neuer Luft schnappen oder ziehen müssen. Die Folge ist eine Ermüdung des Sprechers, aber auch ein Nachlassen der Konzentration beim Zuhörer. Bei manchem Lehrer ist nur die falsche Sprechtechnik schuld an disziplinären Schwierigkeiten. Auf die Schüler überträgt sich die Unruhe und Hektik einer solchen Sprechweise, und sie reagieren darauf mit Unruhe und Hektik. Schlecht ist ebenso das geräuschvolle "Nach-Luft-Schnappen" vor dem Sprechbeginn, auch wenn oft nur ganz wenig zu sagen ist.
Es ist daher wichtig, zunächst zu versuchen, Ruhe in sein Sprechen zu bringen, d. h. langsamer zu sprechen, sinnvoll kurze Absätze nach den Satzzeichen zu machen und dabei jeweils gut abzuspannen. Dieses Abspannen von der Körpermitte her geht blitzschnell vor sich und bringt die erwünschte reflektorische Atmung. Da jede Abwärtsbewegung des Zwerchfells mit einer Öffnung der Stimmritze verbunden ist, wird das Einlaßventil für die Luft um so größer sein, je besser das Zwerchfell arbeitet; um so geringer wird auch das Atemgeräusch werden.

Coblenzer/Muhar führen als Beispiel für die reflektorische Atmung die Autohupe an: "Wenn man den Gummiballon losläßt, hört der Ton auf, und der Ballon füllt sich augenblicklich wieder mit Luft. Je elastischer der Ballon ist, desto schneller schießt Luft ein. Auf unseren Organismus übertragen heißt dies: Je vorteilhafter die inspiratorische Spannung ist, um so schneller vollzieht sich die Luftergänzung."[+] Experimentelle Untersuchungen der Verfasser haben ergeben, daß eine solche Luftergänzung nach Abspannen nur 0,2 Sekunden braucht und wie ein Reflex abläuft. Dabei sagen die Verfasser sehr richtig, daß abspannen nur der kann, der Spannung hat, und es wäre folgerichtig zu ergänzen, daß abspannen der nicht kann, der verspannt ist. Darum muß dieses Abspannen geübt werden, bis es sich automatisiert hat.

Ü b u n g e n zur Erlangung des Atemreflexes beim Sprechen:

Ü b u n g 81:
Saat, Beet, Lied, Not, Blut volltönend mit etwas länger gehaltenen Vokalen sprechen; die End-t gut von der Körpermitte her abspannen. Die Wörter nicht zu hastig hintereinander sprechen. Dann den Hauptwörtern Artikel und Eigenschaftswort beifügen:
Die grüne Saat, das bunte Beet, das schöne Lied ...
Wieder wird nach jedem Hauptwort gut abgespannt. Hierauf werden kleine Sätzchen gebildet:

Das ist eine grüne Saat; dort blüht ein buntes Beet; hier klingt ein schönes Lied...

So gewöhnt man den Organismus langsam an das Abspannen und geht zu Gedichten und Prosa über (evtl. Zeitungsartikel), die laut gelesen werden, nicht zu hastig, gut artikuliert, mit viel Mut zu Pausen und gutem Abspannen nach jedem Satzzeichen.

Die indifferente Sprechtonlage

So wird die Tonhöhe bezeichnet, um die sich die Sprechstimme ohne Verspannungen beim Sprechen bewegt. Sie liegt immer im unteren Drittel des Stimmumfangs. Eine Quint unter der indifferenten Sprechtonlage ist das untere Ende des Stimmumfangs erreicht. Die Sprechtonlage ist eines der Merkmale für die Zugehörigkeit zu einer bestimmten Stimmlage: Bässe sprechen zumeist um G - A, Baritone

---

[+] Coblenzer/Muhar: a.a.O., S. 69f.

um B - c, Tenöre um c - es; die Frauenstimmen sprechen um eine Oktav höher, Kinderstimmen meist zwischen b - e'.

Soll bei jemandem die Sprechtonlage festgestellt werden, ist es besser, mit ihm über etwas Belangloses zu plaudern. Es wäre falsch zu sagen: "So, jetzt sag' mir ein Wort, damit ich deine Sprechtonlage feststellen kann!" Die Stimme muß dabei ganz entspannt sein, sonst gibt es ein falsches Ergebnis. Streß und Emotion treiben die Sprechtonlage meist in die Höhe, was zu rascher Ermüdung von Sprecher und Zuhörer führt.

Übungen zur Stimmbildung

Ideal ist die Pflege der Einzelstimme. Da das naturgemäß im Chor- oder Klassenverband nicht möglich ist, ist es angezeigt, Stimmbildung mit kleineren Gruppen zu machen, wobei die Gruppen nach bestimmten Kriterien zusammengefaßt werden, wie: Wer benötigt Registerausgleich? Bei wem muß die Stimme basiert werden? Bei wem muß auf Kopfklang gearbeitet werden? Bei wem besteht ein Hohlkreuz? Bei wem fehlt die Tiefatmung? u.a.m.

Günstig ist es, die Übungen für die tiefen Chorstimmen (Alt und Baß) und die hohen Chorstimmen (Sopran und Tenor) getrennt ausführen zu lassen. Ist es aus Zeitmangel jedoch notwendig, die Übungen von allen Stimmen gemeinsam ausführen zu lassen, muß der Chorleiter anfangs sagen, wann die hohen bzw. tiefen Stimmen aussteigen sollen. Hat ein Chorleiter mit einem Chor längere Zeit hindurch gearbeitet, wissen die Sänger von selbst, wann die Grenze zum Aussteigen für sie erreicht ist. Übungen mit einer einzelnen Stimmgruppe werden immer dann vonnöten sein, wenn es gilt, auftretende Schwierigkeiten zu überwinden oder Fehler zu beseitigen.

Beim Erfinden eigener Übungen ist immer den einfacheren Übungen der Vorzug zu geben. Je einfacher eine Übung ist, um so leichter wird das damit verbundene Übungsziel zu erreichen sein. Ist die Übung musikalisch schwierig oder schwer zu merken, gibt es nur Unsicherheit und Verspannung.

Bei den Übungen ist es günstig, sie zunächst in bequemer Mittellage ausführen zu lassen und sie dann chromatisch höher und tiefer zu führen. Die Übungen sollen nach Möglichkeit stehend ausgeführt werden oder zumindest in guter, aufrechter Sitzhaltung.

Übungen zur Erschließung der Resonanzräume des Kopfes und der Randstimmfunktion; auch als Einsingübungen zu verwenden:

Dazu eignen sich die Klinger besonders gut, wenn sie ganz locker

und weit gebildet werden, keine Kehlschnürer mitwirken, keine
Verspannungen von der Zungenwurzel her die Lockerheit gefährden.

Übung 82:
Einen Klinger - es eignet sich jeder, wenn er locker und unverspannt gebildet werden kann - im äußersten pp ohne Knall oder
Hauchgeräusch hoch oben im Kopf ansetzen und im Glissando ab-
wärtsziehen. Sollte eine Registerbruchstelle vorhanden sein, dann
durch Zurücknahme der Luft den Klinger vorsichtig über die Stelle
ziehen.

Übung 83:
Zunächst die Resonanzräume jedes Klingers erfühlen lernen: m, n,
ng, l, w, s(stimmhaft), Zungenspitzen-r. (Über die richtige Bildung
der Klinger siehe Kapitel "Artikulation": Klinger.)

Ü.G.: Die Klinger werden aus der Randstimme ganz leise angesummt
und ihre Artikulationsstelle und das Resonanzgeschehen gut erfühlt.

Übung 84:
Schließt an Übung 83 an. Aus dem Klinger wird unter Beibehaltung
der Tonhöhe zu einem Vokal weitergegangen.

Ü.G.: Der Vokal soll mit seiner Resonanz die durch den Klinger
vorbereiteten Resonanzräume füllen. Darauf achten, daß beim
Öffnen des Mundes die Luft nicht haltlos entweicht, sondern zu
Klang verdichtet in den Resonanzräumen bleibt. (Vorstellung:
Leichtes Einsaugen des Klangs.) Besonders bei a darf der Mund
nicht zu weit geöffnet werden. Folgende Verbindungen bieten sich
an: m-a, m-o, m-ö, n-e, n-i, n-ö, n-u, l-i, l-u, l-ü, l-ö, s-a,
s-o, w-a, w-e.

Bei beiden Übungen möge sich jeder Chorsänger eine ihm bequeme
Tonlage aussuchen. Es macht gar nichts, wenn sich eine Art
Cluster bildet.

Übung 85:
mananga - menenge - miningi - monongo - munungu - mününgü -
mönöngö - mänängä: auf einer Tonhöhe singen, evtl. die Übung nur
auf einem Vokal oder einen Teil der Übung öfter wiederholen.

Ü.G.: Die Vokale stellen nur ganz kurze Brücken für die Klinger
dar. Das Klanggeschehen wird eindeutig von den Klingern getragen.
Das Klangband darf nicht abreißen. Der Weg der verschiedenen
Resonanzen von m über n zu ng läßt sich gut verfolgen. Die
Klinger müssen ohne jeden Druck intoniert werden: ein lockeres,

gelöstes Schwingen; "es" schwingen lassen. Bei allen Vokalen die
Weite des Ansatzrohrs beibehalten.

Übung 86:

mu - mo- mi - me- ma   mu - mo - mi - me - ma   mu-mo - mi - me - ma
nu - no - ni - ne - na   . . . .

Die Übung wieder zu d' zurückführen.

Ü. G.: Die Vokale bilden kurze, federnde Brücken zwischen den
Klingern; der letzte Vokal wird zum federnden Abspannen ver-
wendet. Dabei darauf achten, daß das a nicht aus der Resonanz
fällt und zu flach wird. Auf jeder neuen Tonstufe von oben her
kommend einsetzen, so als hätte ein Sprungbrett den letzten Ton
hochgeworfen. Das Ansatzrohr weit halten. Die Gesichtsmuskulatur
ganz entspannt lassen.

Die Übung kann auch bis zur Quint bzw. Sext und wieder zurück geführt werden.

Übung 87:

beng - eng - eng - eng - eng - eng - eng
nen - en - en - en   . . .
mem - em   . . .

Die Übung kann auch mit anderen Vokalen oder Umlauten ausgeführt werden.

Ü. G.: Bei der Aufwärtsbewegung kein crescendo machen, keinen
Druck von der Kehle geben, die Weite gut halten, sich vorstellen,
daß bei den höheren Tönen der Schädelraum noch weiter und durch-
lufteter wird. Träger des Klanggeschehens sind die Klinger, die
Vokale nur kurze Brücken.

Übung 88:

Min-na, Min - na, Min - na, Min - na, Minn.

Andere Übungswörter: Nonne, Wonne, Summe, singe, Lunge,
lange, Sommer.

Ü.G.: Auf dem ersten Ton den Klinger gut und locker ansummen. Darauf achten, daß die anlautenden Klinger wirklich auf der neuen Tonhöhe intoniert und nicht "hinuntergeschmiert" werden. Alle Töne sollen in ihrer Einstellung nach dem ersten Ton der Übung ausgerichtet bleiben.

Übung 89:

ni - ni - ni - ni -ni ——— ni ——— ni ——— ni ——— ni

Als Vorübung: Nach der fünfmaligen Tonwiederholung in gleichen Notenwerten eine Fünftonreihe abwärts singen.

Ü.G.: Das i und auch das n möglichst weit einstellen, ganz ohne Kehldruck arbeiten, die Tonwiederholungen und besonders die gehaltenen Töne leicht ansaugend singen. Die gehaltenen Töne dürfen nicht steif werden, sondern müssen locker weiterschwingen. Das Abwärtsführen in der Vorstellung: Ich führe den Klang in immer weiter werdende Räume, doch sammelt sich das Klanggeschehen wie in einem Kuppelraum im Kopf. Geht die Übung gut, kann von ni zu ni ein leichtes crescendo ausgeführt werden.

Übung 90:

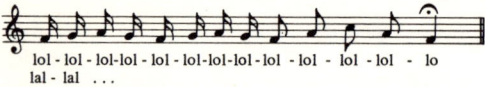

lol - lol - lol-lol - lol - lol-lol-lol-lol - lol - lol - lol - lo
lal - lal ...

Ü.G.: Die Übung rasch ausführen. Das l auf dem ersten Ton ein wenig anklingen lassen. Die o-Laute werden offen gesprochen, nur das End-o geschlossen. Beim Dreiklang aufwärts die Kehlweite gut halten und achten, daß der oberste Ton nicht aus der Linie fällt. Tiefe Stimmen werden ihn in größerer Höhe decken müssen.

Übung 91:

na - ne - ni - no - na - ne - ni - no - na

Ü.G.: Die Übung streng legato und langsam ausführen. Die Vokale sind die Träger des Klanggeschehens. Den Anfangsklinger in weiter Einstellung locker kopfig ansummen. Den Unterkiefer locker halten. Bei allen Vokalen die Weite des Ansatzrohrs beibehalten.

Die Übung kann auch mit den Silben: ma-me-mi-mo, la-le-li-lo und wa-we-wi-wo ausgeführt werden.

Übung 92:

mi - ma - mi - ma - mi - ma - mi - ma - mi - ma - mi-ma- mi
mi - a - mi - a   ...

Ü.G.: Die Übung streng legato und eher langsam ausführen; die Vokale sind die Träger des Klanggeschehens. Auf dem Anfangston den Klinger kurz ansummen. Die Klinger jeweils auf der Tonhöhe des neuen Vokals intonieren. Zur Höhe zu auf das Abschlanken der Töne nicht vergessen. Die Übung eignet sich auch gut für die Erzielung des Vokalausgleichs. Dabei ist wichtig, daß das Ansatzrohr seine weite Einstellung beibehält und die Basis des Ausgangstons gehalten wird.

Übungen zur Erzielung des weichen Stimmeinsatzes:

Da der harte Stimmeinsatz (Glottisschlag) meist durch falsche Sprechweise hervorgerufen wird, muß mit der Korrektur auch beim Sprechen angesetzt werden. Dafür eignen sich die Übungen: 59, 60, 62, 63, 65, 66, 68, 69, 71, 73, 75, 77.

Können die Klinger ohne falschen Druck gebildet werden, eignen sich auch die Übungen 82 bis 92.
Sehr gut eignet sich:

Übung 93:
uch, och, üch: Zunächst in Sprechtonlage sprechen.

Ü.G.: Vorstellung: Ich nehme das fertige u (o, ü) durch die Augen-Stirnpartie in mich auf, sauge es also leicht an, wobei das Ansatzrohr gut geweitet ist.

1. Variante: Die Vokale hoch im Kopf ansetzen und mit leichtem Glissando abwärtsführen.

2. Variante: In Sprechtonlage zum Singen übergehen; den Umfang langsam nach oben und unten ausbauen. Sollte der Ansatz nicht weich gelingen, dann vor dem anlautenden Vokal ein h lautieren, das allmählich weggelassen wird.

Das ch am Ende ist deshalb gut, weil darauf die überschüssige Luft entweicht, die sich bei starkem Atemdruck unter der Kehle angestaut hat. Gehen uch, och, üch gut, dann weitergehen: entweder über ich, ech zu ach oder von och über ach, ech zu ich.

Übung 94:

nananana......rasch auf einem Ton sehr weich und gleichmäßig lautieren. Vorbedingung ist, daß das n ohne jeden Druck gebildet werden kann.

Ü.G.: Das Ansatzrohr weitmachen; nur die Zungenspitze arbeitet. Die Übung auch mit allen anderen Vokalen und Umlauten ausführen; es können auch andere Klinger herangezogen werden: m, l, s, w.

Übungen zur Erzielung des gewünschten Stimmbandschlusses:

Da bei fehlendem Stimmbandschluß meist das Zwerchfell zu wenig innerviert ist, sollen an den Anfang Übungen treten wie Nr. 47 oder 48.

Übung 95:

b, d, g: auf Sprechtonlage sprechen (nicht: be-de-ge!)

Ü.G.: Jeden Laut kurz, federnd, danach sofort abspannen. Den Klang eher gegen die Stirn zu lenken. Wichtig ist, daß das Zwerchfell elastisch mitgeht, bei jeder Abspannung reflektorisch Atem einfließt und die Kehle weit und entspannt bleibt, so als wäre sie nur Durchgang: die Enge entsteht erst im Mundraum.

Übung 96:

♩ ♩ ♩   oder   ♩ ♩ ♩ ♩
b b p   b b b p
d d t   d d d t

Zunächst in Sprechtonlage sprechen, dann auf Gesangston übergehen und höhere Tonlagen wählen. Eine Übung öfter wiederholen.

Ü.G.: Lautiert wird nicht bebepe! Die Laute werden durch federnde Impulse vom Zwerchfell her gebildet. Die End-p oder -t werden nicht behaucht, danach wird abgespannt.

Übung 97:

♩ ♩ ♩ ♩ ♩
b d g d b

Die Ausführung wie bei Übung 96.

Ü.G.: Nach dem letzten b gut abspannen. Die Übung kann auch diatonisch bis zu Terz oder Quart aufwärts und wieder zurückgeführt werden.

Übung 98:

pa - ta - ka - pe - te - ke - pi - ti - ki - po - to - ko - pu - tu - ku

Die Übung mit den gleichen Silben wie bei der Aufwärtsbewegung
wieder abwärtsführen. Als Vorübung können die Silben auch in
Sprechtonlage gesprochen oder auf einem Ton gesungen werden.

Ü. G. : p, t, k werden nicht behaucht, die Vokale kurz gesungen, so
daß Staccatoeindruck entsteht. Das Ansatzrohr bleibt bei allen
Vokalen möglichst weit, die Kehle entspannt.

Gut für den Stimmbandschluß sind Übungen mit leichtem staccato.
Sie sollen auf verschiedenen Vokalen ausgeführt werden; besonders
gut eignen sich a, i und u. Als Vorübung kann mit ba, di, du geübt werden. Die staccati dürfen nicht gestoßen werden. Vorstellung:
Ich singe die Töne nicht mit der Luft, stoße sie nicht zur Höhe,
sondern ich singe sie federnd auf der Luft; sie fallen von oben auf
die Luft wie kleine Bällchen.

Übung 99:

Übung 100:

Übung 101:

Übungen zur Basierung der Stimme:

Die Basierung der Stimme umfaßt das Wecken der Brustresonanz,
das Hinzunehmen des Brustregisters, die Tiefatmung, das Tief-
halten der Kehle, kurz: dem Ton muß Körper gegeben werden!
Würde damit nur bei der Stimme angesetzt, wäre das falsch, weil
dadurch nur falsche Kraftvorstellungen mit falscher Muskelarbeit
gelockt würden. Zunächst muß das Zwerchfell gut arbeiten, die
Atmung in Ordnung sein, das Ansatzrohr geweitet werden, dann

stellt sich der Zugang zum Körper von selbst ein, weil der Ton
vom Körper die nötige "Stütze" bekommt.

Fehlt einer Stimme die Basis beim Singen, fehlt sie ihr meist auch
beim Sprechen. Sie läßt sich dort zunächst leichter erarbeiten
durch Übungen wie 58, 61, 64, 67, 70, 72, 74, 76.

Bei den Klingern eignen sich für die Basierung m und w besser als
die anderen, bei den Vokalen locken u und geschlossenes o die
Brustresonanz gut.

Übung 102:
Kurze Töne (Seufzer) auf verschiedenen Vokalen singen; mit u und
o beginnen, dann auch andere Vokale wählen. Das Singen soll
anfangs ein richtiges Seufzen sein. Vorstellung: Glückliches
Seufzen. Erst allmählich soll versucht werden, den Seufzerklang
ein wenig zu verdichten. Den Organismus ganz entspannen.

Es kann dann versucht werden, von Seufzer zu Seufzer den Klang
etwas zu crescendieren, wobei der letzte Ton etwas länger gehalten wird; er darf aber nicht steif sein.

Übung 103:

Ü. G. : Jeder Ton wird mit leichtem Ansauggefühl gut auf der Luft
aufgesetzt. Es soll sich das Gefühl der klingenden Säule vom
Zwerchfell bis zum Scheitel einstellen. Nach jedem Ton gut abspannen.

Übung 104:

Ü. G. : Die t oder p nicht behauchen. Nach jeder Dreiergruppe gut
abspannen; die Kehle locker lassen. Die Impulse zu jedem Ton
gehen vom Zwerchfell aus. Darauf achten, daß die a am Ende der
Dreiergruppe nicht zu hell und flach genommen werden; sie sollen
aus der dunklen Einstellung des u und o nicht herausfallen. Wichtig
ist, daß die ganze Übung auf der Einstellung des ersten Tons auf-

70

baut. Die Übung kann durch noch eine Dreiergruppe bis zur Non
ausgeweitet werden.

Auch anderen aufwärtsführenden Übungen können Impulssilben
unterlegt werden, wie z.B. den Übungen 87, 113, 117, 144, 145.

Übungen zur Erzielung des Lagenausgleichs (Vermeiden bzw.
Heilen von Registerschäden):

Das bedeutet: Erziehung der Stimme zum Einregister und zur
Mischung der Resonanzen.

Zur Beimischung des Kopfklangs zu den tiefen Tönen, bzw. zum
Zudecken von Registerdivergenzen vom Kopfklang her, eignen sich
alle Glissandoübungen auf Klingern und Vokalen gut, wie sie im
Kapitel über die Artikulation nach jedem Vokal und Umlaut angegeben sind. Gut eignen sich Übungen mit Triolen, weil durch die
Leichtigkeit der Triole die Versteifung des Tons durch den Brust-
klang erschwert wird.

Übung 105:

Zunächst auf u singen, dann können andere Vokale genommen
werden, wobei besser verwandte zuerst genommen werden, also ü
oder o usw.

Ü.G.: Auf dem ersten Ton wird das u dunkel, kopfig und weit im p
angesetzt. Vorstellung: Der Vokal ist fertig vor mir; ich brauche
ihn nur hereinzuholen. Der Vokal darf nicht verhaucht sein, er muß
gut auf der Luft sitzen. Die Ausrichtung nach oben muß bis in die
größte Tiefe gewahrt bleiben. Vorstellung: Die Töne sind mit
einem (Klang-)Band am Haaransatz befestigt und strahlen immer
wieder dorthin zurück. Jede neue Triole ganz leicht von der Mitte
her anschwingen. Die ganze Übung muß einen leicht schwebenden
Charakter haben. Keine Mundbewegungen machen. Die gute u-
Einstellung muß gewahrt bleiben.

Übung 106:

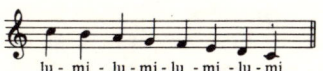

Ü. G. : Die erste Silbe leicht kopfig im p, aber mit Körperklang ansingen, alle weiteren Töne nach dem obersten Ton ausrichten. Die Übung wird in langsamen Vierteln gesungen und kann abgekürzt werden, indem nicht auf der 8. Stufe, sondern auf der 5. Stufe begonnen wird. Auch andere Silbenverbindungen können gewählt werden.

Übung 107:

mi - lo - mi - lo - mi ....
dü - ne- dü - ne .....

Ü. G. : Den ersten Ton ganz leicht kopfig ansingen, zur Tiefe zu nach und nach kräftiger werden; dabei aber die Ausrichtung nach dem Kopf nicht verlieren. Die Übung kann so ausgeführt werden, daß auf jedem Ton eine Silbe gesungen wird, die Töne können aber auch zu je 2, 3 oder 4 über einer Silbe verbunden werden. Verschiedene Silbenverbindungen können gewählt werden.

Übung 108:

u ___ u ___ u ___ u

Ü. G. : Den ersten Ton kopfig im p mit Körperklang anschwingen, ihn weich zum nächsten Ton abwärtsführen, kurz abspannen, den nächsten Ton ansetzen usw. Vorstellung: Beim Abwärtsführen des Tons führt ein antagonistischer Gegenzug den Klang weiter in den Kopf hinauf. Verschiedene Vokale und Umlaute wählen.

Übung 109:

no - ne - no - ne - no - ne - no - ne - no

Ü. G. : Die Übung streng legato, aber in schwebender Leichtigkeit ausführen. Besondere Aufmerksamkeit auf die Terzenbewegung aufwärts richten, die ohne Luftnachschub oder Druck ganz locker auf der Luft ausgeführt werden soll. Kein verbindendes h darf zu hören sein. Die weite Einstellung des Ansatzrohrs muß während der ganzen Übung gewahrt bleiben. Bei der Aufwärtsbewegung hilft das Denken zur Körpermitte.

Die Übung kann mit verschiedenen Silbenverbindungen ausgeführt werden. Sie eignet sich auch gut für den Vokalausgleich und die Erzielung eines guten legato. Sie kann verkürzt werden, indem sie abschließt, wenn die Tonika zum erstenmal erreicht wird.

Übung 110:

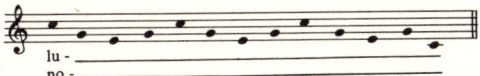

Ü. G. : Den Anfangston im vollen p gut auf der Luft aufsetzen und alle folgenden Töne nach ihm ausrichten. Die Übung soll nicht starr nach einem bestimmten Notenwert ausgeführt werden, sondern soll langsam anlaufen, im Verlauf das Tempo etwas steigern, gegen Ende zu das Tempo wieder zurücknehmen. Die Zahl der Sextakkord-zerlegungen kann ohne weiteres beliebig vermehrt werden; auch andere Silben können herangezogen werden (besonders mit ü).

Bei allen aufwärtsführenden Übungen zum Lagenausgleich soll immer im Anfangston die obere Oktav mitschwingen, so als wäre es ein Vierfußklang bei der Orgel. Bei den Aufwärtsbewegungen nie ein crescendo ausführen. Basis und Weite der Einstellung des ersten Tons sollen während des ganzen Übungsverlaufs beibehalten werden. Trotz dieser gleichbleibenden Einstellung im Ansatzrohr muß darauf geachtet werden, daß es bei der Aufwärtsbewegung nicht zu einer unbewußten Übernahme der gleichen Tonmischung, der gleichen Spannungsverhältnisse kommt (= Stemmen). Der Apparat muß federnd elastisch nachgeben, um den jeweils neuen Ton mit seinen geänderten Spannungsverhältnissen bilden zu können. Er muß "sich abschlanken" (= Verzicht auf Masse zugunsten von Kopfklang).

Übung 111:

Ü. G. : Der erste Ton muß bereits schlank mit Ausrichtung zur oberen Oktav angesetzt werden. Die weite Einstellung beibehalten. Jede Triole mit einem winzigen Impuls vom Zwerchfell anschwingen. Das Tempo nicht zu langsam wählen. Die Übung mit verschiedenen Vokalen ausführen.

Übung 112:

Ü.G.: wie bei Übung 111; wegen des größeren Umfangs die Töne besser abschlanken.

Übung 113:

na - na - na - na - na - na - a —————— a

Ü.G.: Die Übung streng legato und auch mit anderen Silben ausführen. Bei der Aufwärtsbewegung die Einstellung gut halten und eher zur Körpermitte zu denken, bei der Abwärtsbewegung die Ausrichtung zum höchsten Ton nicht verlieren.

Geht die Übung mit Silben gut, kann sie auch nur auf einem Vokal ausgeführt werden. Darauf achten, daß der Vokal gut auf der Luft sitzt und die Sprünge ohne Luftnachschub (kein h!) und Druck ausgeführt werden.

Übung 114:

du ——— u

Ü.G.: Den Sprung ganz weich auf der Luft ohne Nachstoßen, ohne h dazwischen, ohne crescendo ausführen. Vorstellung: Ich nehme nicht den Ton mit hinauf, sondern er bleibt an seinem Platz (der höhere Ton klingt im tieferen schon mit); ich "schalte nur Licht im Oberstock ein". Die Übung auch mit anderen Silben ausführen: lo, dü, mi, ne, sa.

Zur Erübung des Vokalausgleichs kann der Vokal auf dem obersten Ton geändert und die Übung mit dem neuen Vokal zu Ende geführt werden.

Übung 115:

mi - o - mi - o - mi - o —————— o

Ü.G.: Beim Anfangston sich schon gut auf die obere Oktav einstellen. Den Oktavton zunächst im p von der Randstimme her an-

singing; dabei die Weite des Ansatzrohrs und den Körperklang nicht
verlieren. Der Ton darf nicht steif sein, sondern muß locker
schwingen. Bei der Abwärtsbewegung die Ausrichtung nach oben
nicht verlieren. Auch andere Vokale wählen: mi-a, mi-u.

Übung 116:

Ü. G. : Der Anfangston muß gut sitzen und intensiv nach dem Oktavton ausgerichtet sein. Der Sprung wird rasch und weich auf der Luft
vollzogen, der obere Ton weich angesetzt. Kein crescendo beim
Sprung! Vorstellung: Ich erreiche den Ton nicht von unten her, er
fällt vielmehr von oben weich ein. Als Vorübung kann der Sprung als
rasches Glissando ausgeführt werden, wobei die Kehlweite gut gewahrt bleiben muß. Bei der Abwärtsbewegung die Ausrichtung nach
oben nicht verlieren.

Übung 117:

Die Übung auf verschiedenen Vokalen ausführen: entweder die ganze
Übung auf einem Vokal durchziehen oder den Vokal auf dem höchsten
Ton wechseln unter Beibehaltung der Weite des Ansatzrohrs und der
Basis; dann dient die Übung auch dem Vokalausgleich.

Ü. G. : Streng legato ausführen. Bei der Aufwärtsbewegung leicht den
antagonistischen Gegenzug zur Körpermitte zu spüren, bei der Abwärtsbewegung eher körperlich hochziehen in Stirn- und Augenpartie,
wo der Klang "haften" bleibt. Bei der Aufwärtsbewegung nicht auf
das Abschlanken des Tons vergessen! Den Halbtonschritt von der
8. zur 7. Tonstufe vorsichtig nehmen, er wird gerne zu tief.

Übung 118:

Ü. G. : Den Anfangston etwas länger halten, bis er gut "sitzt", dann
die Übung leicht und locker ausführen. Die Weite im Ansatzrohr
nicht aufgeben. Gut abschlanken! Die Übung kann auf allen Vokalen
und Umlauten ausgeführt werden.

Übungen zur Erzielung leichter Tongebung bei rascher Bewegung und Koloraturgewandtheit:

Diese Übungen sollen unbedingt auch mit den tiefen Chorstimmen und den "schweren" Stimmen ausgeführt werden.

Ü.G.: Die Vokaleinstellung ist gut durchzuhalten. Die Töne dürfen nicht gestoßen werden, sondern müssen leicht auf der Luft gleiten. Die Töne zur Höhe zu gut abschlanken. Bei diesen Übungen soll nicht an einzelne Töne oder Abschnitte gedacht, sondern die große Linie ins Auge gefaßt werden.

Übung 119:
Sie besteht aus folgenden vier Teilübungen, die aufbauend gedacht sind:

Sie können auch auf anderen Silbenverbindungen ausgeführt werden.

Übung 120:

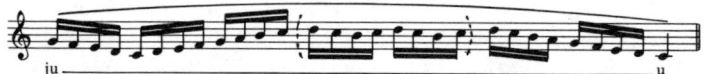

Für diese Übung eignen sich alle Vokale und Umlaute. Die Übung kann verkürzt werden, indem der in gestrichelte Klammer gesetzte Teil weggelassen wird. Die Übung ist so rasch wie möglich auszuführen.

Übung 121:

Ü. G.: Zuerst langsam in strengem legato ausführen, dann immer raschere Tempi wählen. Nach oben zu gut abschlanken (nicht drücken!). Verschiedene Vokale wählen.

Übungen zum Vokalausgleich:

Über den Vokalausgleich siehe Kapitel "Artikulation" nach den Zwielauten.

Ü.G.: Bei diesen Übungen soll immer von dem Vokal ausgegangen werden, der am besten sitzt und klingt. Seine Substanz muß in den nächstverwandten hinübergezogen werden. Dabei muß die Einstellung des besten Vokals gewahrt bleiben. Zu seiner Substanz tritt das Charakteristische des neuen Vokals hinzu.

Übung 122:
Auf einem bequemen Ton den besten Vokal, z. B. ein a, ansetzen und dann langsam unter Beibehaltung des a-Klangs das Ansatzrohr zum o formen. Vorstellung: Ich stülpe das Ansatzrohr über den a-Klang und forme damit ein o. Das Resultat: Dem a-Klang müssen alle Merkmale des schönen dunklen o-Klangs beigemengt sein.

Ähnlich zu erarbeiten: a-e, a-u, a-i, ü-i, u-i, i-e, ö-e, o-e, u-ü, ö-ä, e-ä.

Darauf achten, daß beim Vokalwechsel die Basis nicht verlorengeht (besonders gefährdet beim Übergang zu i oder e).

Übung 123:
Vom Ausgangsvokal den Vokalwechsel ein paarmal rasch hintereinander vornehmen; dabei nach Möglichkeit an der Einstellung des Ausgangsvokals festhalten und den Endton auf dem neuen Vokal klingen lassen:
a————oaoaoaoaoao————.

Ü.G.: wie bei Übung 122.

Übung 124:

u - i - u - i - ʼu - i - u - iʼ - u - i - u

Die Übung kann auf allen in Übung 122 angegebenen Vokalverbindungen ausgeführt werden. Zunächst soll sie in der verkürzten Form geübt werden, d. h. daß das, was in der gestrichelten Klammer steht, weggelassen wird. Gut die Einstellung des ersten Vokals halten.

Übung 125:

Ü.G.: Beim Sprung das Ansatzrohr weit halten und die Basis nicht verlieren. In den oberen Ton nicht hineinplatzen, sondern ihn weich ansetzen. Bei der Abwärtsbewegung die Töne nach oben ausrichten.

Übung 126:

Ü.G.: Die Übung nach Möglichkeit zweimal durchlaufen. Beim Vokalwechsel die Basis nicht verlieren. Auch andere Vokalverbindungen können gewählt werden.

Übung 127:

Ü.G.: Die Übung nach Möglichkeit zweimal durchlaufen und so rasch wie möglich ausführen. Die Basis gut halten; auf das Abschlanken nach oben zu nicht vergessen. Die Töne leicht auf der Luft gleiten lassen, nicht stoßen! Auch andere Vokalverbindungen können gewählt werden, doch soll immer zu nächstverwandten Vokalen weitergegangen werden.

Übung 128:

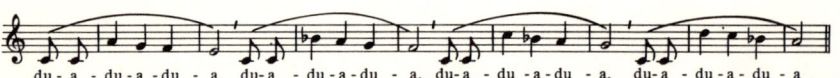

Ü.G.: Streng legato ausführen, bei den Atemzeichen kurz abspannen. In den unteren Tönen immer die oberen vordenken und sich darauf einstellen. Darauf achten, daß die Töne nicht "heruntergeschmiert" werden, sondern daß die neuen Vokale immer genau auf Tonhöhe von der Randstimme her angesungen werden. Es eignen sich auch andere Verbindungen, wie lu-i, nö-e, no-a usw.

Für den Vokalausgleich eignen sich außerdem die Übungen 91, 92, 106, 109 und die Übungen 114 und 117, wenn sie mit Vokalwechsel ausgeführt werden.

Übungen zur Gewinnung von Höhe und Tiefe:

Bei allen Stimmlagen ist die Höhe ein Problem:
- des nötigen Registerausgleichs in den Stimmlippen, d. h. des Schlankerwerdens nach der Höhe zu und des Verzichts auf Masse;
- der Erschließung der Kopfresonanz.

Über die Registerfrage und die Registerübergänge siehe Kapitel "Stimmregister". Wichtig ist, daß mit dem nötigen Abschlanken des Tons und der Beimischung von Kopfklang nicht erst an der Register-übergangsstelle begonnen wird, sondern daß damit etwa eine Quint vorher eingesetzt wird.

Über die Erschließung der Kopfresonanz siehe Kapitel "Resonanz" und "Übungen zur Erschließung der Kopfresonanz und der Randstimm-funktion". Die Sopranhöhe läßt sich gut vom Vokal u her erarbeiten, die Tenorhöhe besser von den hellen Vokalen e und i, doch muß dabei gut auf die Weitung des Ansatzrohrs und die Tiefstellung der Kehle geachtet werden, sonst wird die Tenorhöhe eng, flach und plärrig.

Wichtig ist, daß die Höhe mit Gewaltakten, d. h. mit Druck, Kraft, vom forte her nicht erarbeitet werden kann.

Übung 129:

Ü. G.: Streng legato ausführen. Wichtig ist die richtige Einstellung des ersten Tons. In ihm muß der Spitzenton schon enthalten sein. Auf seiner Basis unter Beibehaltung der Weite des Ansatzrohrs bauen die anderen Töne auf. Den Übergang von einem Ton zum nächsten ganz ruhig nehmen, ohne Stoßen, ohne h dazwischen, gut auf der Luft bleiben. Bei der Aufwärtsbewegung kein crescendo machen, jeden Ton von der Randstimme her weich ansetzen, beson-ders den Spitzenton. Vorstellung: Die Übung ist noch nicht zu Ende, sie wird noch höher hinaufgeführt. Für diese Übung eignen sich alle Vokale, für Tenöre besonders die hellen. Den Vokalen so weit wie möglich (Formantengesetze in der Sopranhöhe) ihre charakteristi-sche Farbe belassen.

Übung 130:

du - du- du   du   du

Ü. G. : Leichte staccati, gut von der Körpermitte her kontrolliert.
Die Kehle ist weit und entspannt. Im Ausgangston sich schon auf den
Spitzenton einstellen. Für Tenöre die hellen Vokale wählen, für alle
Stimmen eignet sich dü. Geht die Übung gut, kann sie im legato und
dann nur auf dem jeweiligen Vokal ausgeführt werden.

Übung 131:

dü ——————————————————— ü

Über den Oktavsprung siehe Übung 116.

Ü. G. : Die staccati leicht von der Körpermitte her kontrollieren bei
weiter, entspannter Kehle. Sitzen die Töne gut, können sie durch
etwas mehr Kraft von der Körpermitte her verstärkt werden, aber
ohne jeden Kehldruck. Vorstellung: Die Töne fallen von oben her
federnd auf der Luft auf, nicht, daß sie von unten her hinaufgeschoben
werden.

Die Tiefe darf nicht im isolierten Brustregister vom forte her
erarbeitet, sondern muß immer kopfig gemischt werden. Sie wird
dadurch klangvoller und verliert den derben, harten Charakter. Für
die Gewinnung von Tiefe eignen sich von den Klingern m, w und l am
besten, von den Vokalen u, o und ü.

Übung 132:
Leichte Glissandi oder Fünftonreihen abwärts, von der Mittellage
ausgehend chromatisch tieferschreiten auf: m, w, l, u, o, ü.

Ü. G. : Vorstellung: Die Stimme fällt in immer weitere Räume, je
tiefer sie kommt. Die Töne müssen ohne Druck locker schwingen.
Die Ausrichtung nach dem obersten Ton darf nicht verlorengehen.

Übung 133:

m ——————— m

Ü. G. : Die Übung soll rasch wie eine leichte Massage ausgeführt
werden. Gelingt der Quintsprung nicht gleich locker, dann zunächst
ein sehr schnelles Glissando ausführen. Vorstellung: Der Ton fällt
plötzlich in einen viel tieferen, aber auch viel größeren Keller. Der

obere Ton soll im unteren immer enthalten bleiben. Die Übung kann auch auf anderen geeigneten Klingern und Vokalen ausgeführt werden. Bei den Vokalen darauf achten, daß zwischen die einzelnen Töne kein h eingeschoben wird.

Übung 134:

lol -lol - lol - lol - lollol lol lol ------------- lo

Die Fünftonreihe abwärts wie Übung 132, dann den tiefsten Ton oft und ganz rasch wiederholen = trommeln.

Ü.G.: Vorstellung: Ich trommle von innen gegen mein Brustbein. Kein Druck von der Kehle! Die Ausrichtung nach dem höchsten Ton nicht verlieren! Die Übung wird mit offenem o ausgeführt, nur der letzte Ton wird geschlossen lautiert, wobei dieser Ton wie eine klingende Säule von der Körpermitte bis zum Schädeldach schwingen soll.

Besonders bei Frauenstimmen gelingt die Tiefe oft leichter mit nur wenig geöffnetem Mund wegen der besseren Möglichkeit zur Klangverdichtung. Allerdings muß der Unterkiefer locker bleiben, er wird nur nicht weiter geöffnet.

Übung 135:

i - a   i - a   i - a   i - a   i - a
u - a   u - a   u - a   u - a   u - a

Ü.G.: Das i wie gewohnt singen, daraus ein a mit ganz wenig geöffnetem Mund formen. Dabei sind wohl die Kiefer nicht weit geöffnet, das Ansatzrohr muß aber weit gehalten und der Klang gut verdichtet werden. Die Übung chromatisch in die Tiefe führen.

Zur Erzielung eines weiteren Stimmumfangs eignen sich außerdem noch folgende Übungen: 117, 120, 145.

Übungen zur Erzielung eines guten Pianotons:

Beim Pianosingen darf sich die Raumform (Ansatzrohr, Basis, Resonanz) gegenüber dem Forteton nicht verändern; auch das piano muß Körperklang haben, der ihm erst seine Rundung, sein Volumen, seine Wärme gibt. Voraussetzung für den guten Pianoton ist der gute Stimmbandschluß, der verhindert, daß Luft unverbraucht entweicht und der Ton hauchig wird. Wesentlich sind die Erschließung der Resonanzen des Kopfes und die Innervation der Randstimmfunktion.

Folgende Übungen eignen sich: 82 bis 94.

Übung 136:
Lieder oder Liedteile als Echo singen.

Ü.G.: Zunächst werden die Lieder gewöhnlich gesungen, dann als
Echo im p. Darauf achten, daß das p nicht verhaucht oder durch
"Zumachen" der Kehle erzeugt wird, sondern daß Resonanz und die
Weite im Ansatzrohr erhalten bleiben. Am besten beginnt man zu-
nächst mit kleinen Motiven oder Rufen, die dann immer weiter aus-
gebaut werden.

Übungen zur Tonverstärkung - Crescendo:

Die Verstärkung des Klangs muß allmählich geschehen und vorsichtig erübt werden. Dabei ist jede Kraftanstrengung zu vermeiden.
Meist wird der Ton durch pneumatischen Druck unter starkem Einsatz der Schlund- und Kehlmuskulatur verstärkt. Das Ergebnis ist
ein eher steifes, plärriges Klangprodukt, das in keinem Verhältnis
zu der aufgewendeten Kraft steht.

Ein crescendo muß seinen Ausgang vom piano mit Körperklang nehmen. Physiologisch greifen beim crescendo die Schwingungen von
der Randzone, den Stimmbändern, allmählich auf den Stimmlippenmuskel über, bis die ganzen Stimmfalten in volle Schwingungen versetzt sind. Dabei ist die Vorstellung wichtig, daß die Klangverstär-
kung ohne jede Erhöhung des Atemdrucks erreicht wird, sondern
durch Verdichtung des Tons im Resonanzbereich. Vorstellung: Der Klang dehnt mir den Kopf so, als ob im Kopf eine
Feder wäre, die vor- und rückwärts gespannt würde. Die nötige
Kraft kommt dem Ton aus seiner "Stütze". (Darüber siehe Kapitel
"Über die Atmung".)

Voraussetzung sind daher gute Haltung und Atmung (Übungen bei den
entsprechenden Kapiteln). Wichtig ist eine gute Basierung der
Stimme (siehe die einschlägigen Übungen) und die richtige Ausnützung
der Resonanzräume. Dafür eignen sich die Übungen 82 bis 92.

Das crescendo soll immer zuerst auf Tonbewegungen oder Vokalwechsel geübt werden, nicht auf gehaltenen Tönen.

Übungen 137:

o _____ o
a _____ a

Ü.G.: Im vollen p beginnen; durch leichtes Ansaugen und Verdichten
des Klangs crescendieren. Dabei muß der Klang gut im Kopf bleiben,

die Verdichtung dort erfolgen. Der gehaltene Ton darf trotz seiner
verhältnismäßigen Stärke nicht steif sein, sondern muß sein lockeres
Schwingen beibehalten. Die Achtelbewegung zu Beginn auch öfter
wiederholen. Die Übung auch mit den anderen Vokalen und Umlauten
ausführen.

Übung 138:

Ü.G.: wie bei Übung 137; nach den Viertelnoten jeweils abspannen,
die nächste Einheit aber in der vorher erreichten Tonstärke einsetzen und verstärken. Vorstellung: Verstärken durch Zu-sich-
Ziehen der Töne. Die Übung kann auch mit anderen Vokalverbindungen ausgeführt werden.

Übung 139:

Ü.G.: Weich in volltönendem p beginnen, langsam zum f crescendieren.
Kein Kehldruck. Verdichten des Tons durch Ausnützen aller Resonanzräume, besonders durch Dehngefühl im Kopf. Vorstellung: Glocken-
klang.

Übung 140:
Ähnlich wie Übung 139, jedoch nur auf einem Vokal ohne Klinger auszuführen. Auf jedem Ton ein wenig stärker anschwingen und wieder
etwas abschwingen.

Ü.G.: Das An- und Abschwingen wird von der Körpermitte her kontrolliert. Die Kehle ist weit, und alle Resonanzräume sind geöffnet.

Übung 141:

Ü.G.: Den unteren Ton gut ansetzen, er dient als Basis für den
oberen Ton, der zunächst im p erreicht wird: er muß gut im Kopf
sitzen. Dann wird durch Verdichten des Klangs ein crescendo her-

beigeführt. Vorstellung: Eine Feder dehnt mir den Kopf gleichzeitig vor- und rückwärts aus. Der erreichte große Klang wird abwärts geführt. Die Übung kann auf allen Vokalen und Umlauten ausgeführt werden.

Während das falsch ausgeführte crescendo der Stimme Schaden zufügen kann, ist das decrescendo weniger gefährlich. Zu achten ist dabei darauf, daß das Körpergefühl im Klang nicht verlorengeht, das Ansatzrohr weit und der Ton gut auf der Luft bleibt.

Übungen zur Lockerung:

1. zum "Aufwärmen" des Stimmapparats: gut für das Einsingen zu verwenden.

Übung 142:

ne-a-e-a e-a-e-a e-a-e-a-e a - - - - - - -
u - i - - - - - -
o - e - - - - - -

Ü.G.: Eher rasches Tempo, weite Einstellung im Ansatzrohr, leichtes Ansauggefühl; auch andere Vokalverbindungen sind möglich.

Übung 143:

na - na - na - na   na - na - na - na   na - na - na - - - - - - - - - - - - - - - - na

Die Übung ruhig fließend ausführen, die Triolen streng legato und gleichmäßig. Die Pausen zum Abspannen und zum Weitmachen des Ansatzrohrs durch Gefühl des Erstauntseins verwenden. Die Achtelnoten vor den Pausen nicht wegreißen, sondern ruhig weglegen. Die Übung kann mit den verschiedensten Silben ausgeführt werden.

Übung 144:

lo - lo - lo - lo   lo - lo - lo - lo   lo - lo - lo - - - - - - - - - - - - - - - -lo

Ü.G.: Wie Übung 143; bei den Aufwärtsbewegungen nicht auf das Abschlanken vergessen!

Übung 145:

mi - mi - mi - mi   mi - mi - mi - mi   mi - mi - mi - - - - - - - - - - - - - - - mi

84

Ü.G.: Wie Übung 143 und 144. Wichtig ist, daß im ersten Ton bereits die obere Oktav gut vorbereitet ist.

Übung 146:

la - la-la - - - - - - - - -

Die Übung kann auf verschiedenen Silben ausgeführt werden, möglichst rasch und locker.

Ü.G.: Auf dem ersten Klinger den Ton leicht vorsummen. Die ganze Übung nach dem Spitzenton ausrichten; er muß im letzten Ton noch präsent sein.

Übung 147:

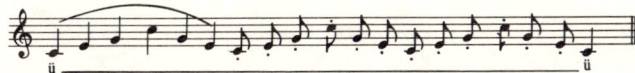

Ü.G.: Die erste Zerlegung streng legato ausführen (dazu Ü.G. bei Übung 117), die beiden Wiederholungen in einem leichten staccato (dazu Ü.G. vor Übung 99). Die Übung kann auf allen Vokalen und Umlauten ausgeführt werden.

2. für die Zunge:

Übung 148: (für den Zungenrücken)
ü - u, ö - o oder ä - a schnell hintereinander sprechen oder auf einem Ton singen.

Ü.G.: Die Mundstellung bleibt bei beiden Lauten unverändert. Die Zungenspitze liegt bei den unteren Schneidezähnen wie im Ruhezustand; nur der Zungenrücken arbeitet.

Übung 149: (für die Zungenspitze)
a - l - a - l - a .... sprechen oder auf einem Ton singen.

Ü.G.: Der Mund bleibt bei der ganzen Übung in a-Stellung geöffnet; nur die Zungenspitze arbeitet.

3. für die Lippen:

Übung 150:
i - u oder o - e sprechen oder auf einem Ton singen.

Ü.G.: Maximale Lippenbewegungen ausführen: bei e oder i die

Lippen möglichst in die Breite ziehen, bei u und o die Mundwinkel
einander möglichst nähern und die Lippen vorstülpen.

4. für den Unterkiefer:

Übung 151:
e - ä oder i - a sprechen oder auf einem Ton singen.

Ü.G.: Bei ä oder a fällt der Unterkiefer locker abwärts; dabei bleibt
die Zungenspitze wie im Ruhezustand bei den unteren Schneidezähnen
liegen und wird nicht nach hinten gezogen oder aufgestellt.

Übung 152:

ba   ba   ba   ba   ba
da

Ü.G.: Bei jeder Silbe fällt der Unterkiefer abwärts, und zwar bis
zu dem Punkt, an dem ein Widerstand im Kiefergelenk überwunden
werden müßte. Die Übung kann mit allen Klingern und mit ä statt a
ausgeführt werden; a und ä dürfen nicht flach klingen.

Übung 153:
Übungssätze sprechen, wie: "Anna nahm Ananas" oder: "Barbara
saß nah am Abhang". Dabei fällt bei jedem a der Unterkiefer locker
abwärts. Die Sätze können auch auf einem Ton oder auf Tonreihen
abwärts gesungen werden. Dabei darauf achten, daß die Vokale nicht
"hinaus" gesungen werden, sondern zu Klang verdichtet werden.

5. für den weichen Gaumen:

Übung 154:
linge-lange-lunge sprechen oder auf einem Ton singen, dabei das ng
länger klingen lassen; dann: nginginginging; bei ng kein g sprechen.

Übung 155:
jajajajajaja ..... sprechen oder auf einem Ton singen.

Ü.G.: Langsam beginnen, immer rascher werden; auch alle anderen
Vokale verwenden. Die Übung kann auch stumm geübt werden.

Übung 156:
chaja-chaja-chaja ..... rasch hintereinander sprechen mit hellerem
ch (das nach i lautiert wird);
dann erweitern: chalji-chalji-chalji ..... eher langsam sprechen,
wieder mit dem helleren ch; den Übergang vom l zum j "auskosten".

86

Übungen für die Arbeit mit Kindern:

Für die Arbeit mit Kindern unter 10 Jahren müssen Übungen ausgesucht werden, die der kindlichen Phantasie Nahrung geben. Das Kind führt sie dann lieber aus und mit der emotionalen Beteiligung, die die Übung benötigt, um effektiv zu werden; es ist eben dann keine Übung, sondern Spiel.

Übung 157:
Viele Lieder eignen sich dazu, von "Instrumenten" gespielt zu werden. Der ganze Chor verwandelt sich in eine Instrumentalgruppe und singt ein Lied auf glu-lu-lu als Klarinetten oder auf du-bu als Hörner; für a-Übungen bieten sich die Geigen mit na, ma, la an, für e die Oboen mit ne, we, de-be, für o das Fagott; dazu kommt die Flöte mit ü-Verbindungen oder die Trompete mit ta oder te.

Das Instrumentarium der Schlag- und Geräuschinstrumente bietet eine Fundgrube für gute Übungen mit Stimmbildungssilben: vom bum der Pauke, dem wum der großen Trommel, dem temteremtemtem der kleinen Trommel, über das blim des Triangels bis zum ding, ling, bim-bam, bomm, bumm, wumm der verschiedenen Glocken. Gut eignen sich Gitarren mit din, bim oder Harfen mit plim, plem, plum.

Übung 158:
Leicht läßt sich zu einem Lied ein kleines "instrumentales" Vor-, Nach- oder Zwischenspiel erfinden, das in der in Übung 157 angeführten Art musiziert wird. Zu diesem Zweck kann der Chor geteilt werden: die eine Gruppe singt das Lied, die andere ist "Orchester", wobei das Orchester immer wieder ausgetauscht wird.

Übung 159:
Recht lustig und dabei wirksam für die Stimmbildung läßt sich ein kleiner Zoo musikalisch gestalten: etwa der "vokalausgleichende" Esel mit seinem i - a, die geruhsame Kuh mit ihrem langausgehaltenen muuuh oder die Vogelwelt, die eine Vielfalt von Möglichkeiten bietet: Meise = zizibe, Lerche = tirili, Sperling = tschilp (mit guter Abspannung nach dem End-p), Käuzchen = kiwitt, Uhu = schu-u, die alten Hennen = ga-ga-ga, die kleinen Kücken = pi-pi, der Hahn = kikeriki, Taube = guru, gurrrr, grru (gut für rollendes r), der Kuckuck; der Frosch mit seinem qua oder quak (gut abspannen nach End-k) und sogar die Fische können herangezogen werden, wenn es um Lockerungsübungen für den Unterkiefer geht.

Übung 160:

Besuch in einem Uhrenladen mit all seinen Geräuschen: dem Surren und Sirren, den kleinen und größeren Glocken, dem Ticken und Tacken, dem Schnurren beim Aufziehen (herrlich geeignet als Übung für das Zungenspitzen-r), dem leisen Summen der winzigen Damenuhren (gut für das stimmhafte s) usw.

Auf ähnliche Weise läßt sich "Fabrik" oder "Automechaniker" oder "Auf der Straße" akustisch-stimmbildnerisch spielen.

Übung 161:

Für stimmbildnerische Zwecke ausgezeichnet eignen sich die Vornamen, wenn sie in Rufterzen auf verschiedenen Tonhöhen (der Gerufene befindet sich in verschiedenen Distanzen) gerufen bzw. gesungen werden: Peter, Anna, Jakob, Ida, Uli, Josef, Emil u. a. m. Die Übung läßt sich zu Übung 125 ausbauen (siehe dort) mit Namen, wie: Luise, Helene, Ulrike, Johannes, Irene u. a. m.

Bei vielen Übungen, die in diesem Buch zur Stimmbildung angegeben sind, wird es nicht schwer sein, Brücken zur kindlichen Phantasie zu schlagen, etwa Übung 105 als tanzende Schneeflocke oder Übung 112 als Kletterrose einzukleiden u. a. m.

Bei anderen Übungen wird es angezeigt sein, ihnen Wörter unterzulegen, die den Kindern etwas bedeuten, wie z. B.:

Übung 162:

bli- bla-bli- bla - - - - - - - - - - bli - bla Blumenduft
Blü-ten-duft

Ü.G.: Der Spitzenton wird länger ausgehalten, der Dreiklang abwärts intensiv nach ihm ausgerichtet. Darauf achten, daß das bli-bla nicht flach und plärrig, sondern mit weit eingestelltem Ansatzrohr gesungen wird.

Übung 163:

die Tu - ,die Tu -, die Tu - - lpe

Ü.G.: Das t von Tulpe nicht behauchen. Die auftaktigen Achtelnoten immer kurz nehmen, vom Zwerchfell abfedern, die Spitzentöne von oben her erreichen. Für diese Übung eignen sich auch: die Tinte, die Tante, die Blume, die Blüte, die Sonne, die Wonne.

Mit ein wenig Phantasie und gutem Willen wird sich immer etwas Geeignetes erfinden lassen.

ÜBER DIE PRAKTISCHE ARBEIT

Das Einsingen

Das Einsingen soll am Beginn jeder Chorprobe und vor jeder Aufführung stehen. Es hat den Zweck, den gesamten Organismus "aufzuwärmen" und ihn auf die speziellen Anforderungen, die an ihn gestellt werden, vorzubereiten.

Mein Vorschlag:
- Den Anfang sollen unbedingt körperliche Lockerungsübungen machen, die auch schon die Atmung "anheizen", wie etwa eine Auswahl aus den Übungen 24 bis 31.
- Einige kurze Atemübungen, wobei sich besonders die Übungen mit intentionaler Einstellung (54-56) eignen oder eine Auswahl aus den Übungen: 38, 40, 42, 46, 47, 49.
- Dann sollen Summübungen, von der Sprechtonlage ausgehend, folgen; leichte Glissandi, die den Kopfklang wecken und herunterziehen. Mit welchen Vokalen begonnen wird, wird von der Überlegung ausgehen, welcher Vokal gut sitzt oder welcher Vokal dem Chor "gut tut". Hierzu eignen sich die Übungen 105, 106, 108, 109.
- Übungen zum Ausloten des benötigten Stimmumfangs, wie etwa eine Auswahl aus den Übungen 111-113, 120, 126, 142-145.
- Am Ende des Einsingens kann eine Laufübung stehen, die, chromatisch auf- und abwärts geführt, den ganzen Stimmumfang erfaßt und lockert.

Besonders vor Aufführungen empfiehlt es sich, den Chor im Hinblick auf die Anforderungen einzusingen, die ihn erwarten. Es werden andere Übungen zu wählen sein, wenn es gilt, ihn auf eine Bach-Kantate vorzubereiten, als wenn ein Werk der Spätromantik auf dem Programm steht. Werden von einer Stimmlage spezielle Schwierigkeiten gefordert, ist beim Einsingen darauf Rücksicht zu nehmen, z. B. vom Sopran große Koloraturleichtigkeit, vom Tenor extreme Höhe oder vom Baß ebensolche Tiefe. Es wird also für das Einsingen vor einer Aufführung mehr Zeit vorgesehen werden müssen.

Die Chorprobe

Dazu haben erfahrene Chorleiter das Wesentliche zu sagen. Hier sollen nur von der Warte des Stimmbildners ein paar Anregungen gegeben werden. Jeder Chorleiter bedenke, daß das Chorsingen Arbeit ist, einerseits Muskelarbeit, anderseits geistige Arbeit; beides ermüdet. Weitere Anforderungen an den übermüdeten Organismus führen unweigerlich zu F e h l s p a n n u n g e n einerseits, zu N a c h l a s s e n d e r K o n z e n t r a t i o n anderseits. Mit beidem ist dem Chorleiter nicht gedient. Daher soll sich jeder Chorleiter zum ersten Gebot machen: N i c h t z u l a n g e p r o b e n ! Sind lange Proben nötig, immer wieder P a u s e n m a c h e n ! Dabei seine Sänger sich bewegen lassen. Immer wieder - besonders nach größeren Anforderungen - die Probe kurz unterbrechen und ein paar Lockerungsübungen oder Atemübungen einbauen.

Dazu noch eine Überlegung: Die Probenräume sind meist nicht sehr groß. Der Chor besteht aus einer großen Anzahl von Singenden. Beim Singen wird viel Sauerstoff verbraucht. Sauerstoffmangel in der Luft erzeugt Müdigkeit und Konzentrationsschwäche. Daher soll möglichst oft während der Chorprobe g e l ü f t e t werden, je kleiner der Raum und je größer der Chor desto öfter.

Es ist nicht "verlorene" Zeit, die für Lockerungs- und Atemübungen oder zur Raumlüftung aufgewendet wird. Sie wird einem vielfach wieder geschenkt durch die größere Gelöstheit, Aufnahmebereitschaft und Konzentrationsfähigkeit der Chorsänger.

Jeder Chorleiter möge seine Sänger bitten, zu den Chorproben n i c h t s B e e n g e n d e s anzuziehen. Zu enggeschnallte Gürtel, vor allem zu enge Unterwäsche hemmen die natürliche Atmung und führen zu rascher Ermüdung.

Achtung auf g u t e S i t z h a l t u n g ! Die Sänger sollen so sitzen, daß sie sich jederzeit mit einem kleinen Schwung erheben können, aufrecht, nicht zusammengesunken. Unweigerlich kollabiert mit dem Haltungsgerüst das Atemgerüst, und damit ist der natürliche Stützvorgang des Tons nicht mehr möglich.

Ein besonderes Problem ist das H a l t e n d e r N o t e n b l ä t t e r . Das Halten mit gehobenem Arm ermüdet sehr und führt muskuläre Verspannungen aus den Armen in den Hals und zur Kehle weiter. Das Liegen der Notenblätter im Schoß oder auf den Oberschenkeln bedingt das Senken des Kopfes und führt damit zur Belastung der Kehle und zum Kollabieren der Einhängemuskulatur. Sehr zu empfehlen ist die Anschaffung von kleinen N o t e n p u l t e n , die die Sänger in angenehmer Höhe vor sich stehen haben und auf denen die Notenblätter liegen.

Ein paar Bemerkungen zur I n t o n a t i o n :
Hat der Chor die Tendenz zum Absinken der Intonation, liegt die Ursache meist in zu brustiger Mischung des Chorklangs; es empfeh-

len sich Übungen aus der Höhe abwärts, Wecken des Kopfklangs, Übungen zur Innervation der Randstimme.

Neigt der Chor zum Steigen, ist meist das Gegenteil der Fall, ihm fehlt die nötige Basierung; es empfehlen sich Übungen, die aus der Tiefe aufwärts führen, die die Brustresonanz locken. Mitunter liegt die Ursache für das Steigen aber auch in atemmäßigem Überdruck; dann ist dort mit entspannenden Übungen anzusetzen. Oft ist auch der Chorleiter selbst schuld an dem Distonieren seiner Sänger, weil er durch zu intensiv fordernde oder hebende Gesten den Chor emotionell überfordert.

Steigt die Intonation bei den hellen Vokalen, besonders bei i, sinkt sie hingegen bei a, ist die Notwendigkeit des Vokalausgleichs gegeben. Wird die Höhe gern zu hoch genommen, die Mittellage zu tief, liegt die Ursache im Registergebiet und muß vom Lagenausgleich her angegangen werden.

Ein sehr wesentlicher, leider oft unterschätzter Faktor ist das V o r b i l d   d e s   C h o r l e i t e r s in Haltung, Atmung, Sprechweise und natürlich auch im Singen. Hält sich der Chorleiter schlecht, kann er noch so viel mahnen, die Haltung seiner Sänger wird immer nachlässig sein. Darum zuerst an sich das erarbeiten, was man von seinen Sängern fordern will.

Und - last not least: Jeder Chorleiter sorge für   g u t e   A t m o - s p h ä r e   bei den Proben und im Chor. Das hat nichts mit Blödeln, Witzchenerzählen und Dulden von Disziplinlosigkeiten zu tun. Eine frohe, entspannte Atmosphäre löst manch stimmtechnisches Problem von selbst. Nervöse Hektik und gedrückte Stimmung führen unnötig zu Verspannung. Natürlich ist es schwierig, Ruhe zu bewahren, wenn übermorgen ein Konzert dräut und drei Stücke noch nicht "gehen". Aber eines ist klar: Die drei Stücke werden nur dann "gehen", wenn es dem Chorleiter gelingt, Ruhe und Zuversicht auf den Chor ausstrahlen zu lassen.

Die Stimmüberprüfung bei der Aufnahme

Die Stimmüberprüfung wird am besten a l l e i n mit dem Aufnahmewerber vorgenommen. In einer zunächst zwanglosen Unterhaltung über Beruf, Interessen usw. muß es gelingen, ihm die Befangenheit zu nehmen und die indifferente Sprechtonlage festzustellen. (Darüber siehe Kapitel "Artikulation" gegen Schluß.) Die Sprechtonlage läßt schon Schlüsse auf die Stimmzugehörigkeit zu.

Dann wird er gebeten, ein paar Skalen zu singen, zuerst abwärts, dann aufwärts, am besten auf Vokal; Skalen deshalb, weil dabei eventuelle Registerschäden hörbar werden, die bei Zerlegungen nicht auffallen müssen; außerdem sind die Übergangsstellen der Register mitunter gut zu hören, was wieder Rückschlüsse auf die Stimmzugehörigkeit zuläßt. So wird nach und nach der ganze Umfang ausgelotet, der wieder ein wesentliches Kriterium für die Stimmzugehörigkeit ist. Dabei ist allerdings zu beachten, daß es Soprane mit großer Tiefe und Altstimmen mit leichter Höhe gibt. Es darf also nicht nur aus dem Umfang auf die Stimmzugehörigkeit geschlossen werden.

Beim Ausloten des Stimmumfangs muß ein festgestellter Bruch zur Höhe oder Tiefe nicht das Ende des Umfangs bedeuten. Oft tut sich über der Bruchstelle noch eine rein kopfige Höhe von ziemlichem Umfang auf, oder es führt die Stimme unter der Bruchstelle rein brustig noch eine Quint abwärts.

Dann sollen die anderen Vokale überprüft werden, aber auch die anfälligsten Konsonanten, wie s und sch, ob nicht ein Sigmatismus vorliegt, und r, ob ein Zungenspitzen-r gebildet werden kann.

Weitere Punkte, die bei einer solchen Überprüfung geklärt werden sollen, sind:
Wie ist die Artikulation? Wird vorne artikuliert? Gibt es Fehleinstellungen im Artikulationsbereich? Knödel? Steifer Unterkiefer?
Wie ist die Atmung? Funktioniert die Tiefatmung? Ist die Stimme überluftet? Neigt sie zum Pressen?
Wo muß eine eventuelle Haltungskorrektur einsetzen? Beim Hohlkreuz? Beim Rundrücken?

Dann soll unbedingt kurz das Gehör überprüft werden in Form von kleinen Nachsingeübungen, die vom Nachsingen einzelner Töne über Intervalle zu kleinen Motiven führen sollen. Was nützt dem Chor eine noch so gute Stimme, wenn sie durch völlige Unzulänglichkeit im Gehörsbereich ihre ganze Umgebung verunsichert?

All diese Kriterien sollten zu dem Urteil über Aufnahme oder Ablehnung herangezogen werden.

Der Kinderchor

Die Arbeit mit Kinderstimmen kann für den Chorleiter oder Musikerzieher besonders erfreulich sein, weil das Kind viel unverbildeter, weniger verkrampft und seelisch gelöster ist als der Erwachsene; daher stellen sich bei richtiger Arbeit mit Sicherheit Erfolge ein. Noch ist die Haltung der normalen angenähert, zumindest leicht wieder zu korrigieren bei der Bewegungsfreude der Kinder. Obwohl sich bei der Atmung in zunehmendem Maße schon in früher Kindheit Fehleinstellungen zeigen, ist auch sie durch passende Übungen und viel Bewegung verhältnismäßig leicht in Ordnung zu bringen. (Übun-

gen zu Haltung, Atmung und Stimmbildung mit Kindern sind am Ende
der jeweiligen Kapitel angeführt). Hier wird der den größten Erfolg
haben, der über die reichste Phantasie verfügt, über die besten
Einfälle, der die Übungen am besten "verpacken" kann. Die kindliche
Phantasie muß geweckt, ihre Vorstellungskraft angeregt werden.
Die Übungen dürfen nicht als Selbstzweck hingestellt werden. Zu
ernster Arbeit muß ohnehin am Werk erzogen werden, wenn sich
Leistung einstellen soll.

Ist eine Kinderstimme unverdorben und gut geführt, hat sie noch von
Natur das Einregister. Der Chorleiter muß alles dransetzen, ihr
dieses zu erhalten. Die häufigsten Verstöße dagegen werden bei der
Stimmeinteilung gemacht. Da die Kinderstimmen im allgemeinen den typischen Unterschied zwischen Sopran und Alt vermissen
lassen (die zunehmende Tiefe und Fülle ist ein Zeichen der Vormuta-
tionsphase), steckt der Chorleiter gerne die Kinder in die zweiten
und dritten Stimmen, die am sichersten singen, am besten die Stimme
halten können. Das ist der sicherste Tod für eine helle, hohe Kinderstimme.

Die größte Gefahr für die Kinderstimme liegt im falschen Forcieren, d. h. in der Forderung nach Stimmstärke, die durch
falsche Muskelarbeit erzeugt wird (Brüllen, Pressen). "Idole" dafür
aus der Schlager- und Popwelt gibt es ja zur Genüge.

Die Sänger der Unterstimmen bedürfen der größten Kontrolle. Hier
kommt es durch das falsche Forcieren der Tiefe leicht zu starker
Überbrustung, verbunden mit Verlust der Höhe und einer Register-
divergenz zur Höhe. Ganz arg wird es, wenn ein Musikerzieher
beim Klassengesang zwei oder drei "gute, sichere" Sänger, die die
zweite Stimme zu singen haben, sich brüllend gegen die ganze übrige
Klasse zur Wehr setzen läßt.

Der Umfang der Kinderstimme wird oft zu knapp angenommen.
Bei gut geführten Kinderstimmen, etwa vom 9. Lebensjahr an, sind
zwei Oktaven (von g - g'') die Regel, wobei bei guter Ausbildung
sich bei einzelnen Stimmen Höhen bis zu b'' und h'' erreichen
lassen.

Kinder ermüden im allgemeinen leichter als Erwachsene, auch ihre
Konzentrationsfähigkeit ist geringer. Das bedeutet, daß die Proben-
zeit nicht zu lange angesetzt werden darf, daß öfter unterbrochen
werden muß, um Gelegenheit zum Entspannen, sich Bewegen zu
geben.

Häufig anzutreffende Übel bei Kinderchören sind das Zu-flach-Singen
und - besonders bei Mädchenchören - eine starke Überluftung des
Klangs. Gegen das Zu-flach-Singen hilft die Weitung des Ansatzrohrs

mit dunklen Vokalen und Resonanzarbeit; an der Überluftung trägt meist eine zu schlaffe Atemmuskulatur (vor allem im Zwerchfellbereich) die Schuld, wodurch die Luft nicht gehalten werden kann.

Parallel zur Arbeit an der Stimme muß unbedingt eine A u s b i l d u n g d e s G e h ö r s erfolgen, verbunden mit kleinen Konzentrationsübungen.

Der Chorleiter muß versuchen, sich der kindlichen Singweise anzupassen. Großer, fülliger Ton, übertriebener Ausdruck, starkes Tremolo können die Kinder zu falschem Singen, zu unkindlichem Ausdruck verleiten.

Die Mutation

Sie ist ein natürlicher Vorgang des Reifens; daher ist der Ausdruck "Stimmbruch" für diesen Vorgang falsch. " S t i m m w e c h s e l" ist der richtige Ausdruck dafür.

Die Mutation setzt in unseren Breiten bei Knaben im 12. bis 13. Lebensjahr ein, bei Mädchen eher etwas früher. Durch die Akzeleration wird der Zeitpunkt immer mehr vorverlegt.

Drei Phasen der Mutation werden unterschieden:
1. Die Prämutationsphase:
Sie kann sich auch über einen längeren Zeitraum hinziehen. Dabei gewinnt die Stimme langsam an Tiefe und Stärke, sie bekommt meist ein schönes Timbre und einen Glanz, den sie vorher nicht hatte.

2. Die Hauptphase der Mutation:
Äußere Merkmale: Wachstum des Brustkorbs, dadurch Vergrößerung der Atemkapazität, Längerwerden und Umfangvergrößerung des Halses, Wachstum des Kehlkopfs, die Stimmfalten nehmen an Länge und Masse zu: bei Knaben in der Länge bis zu 1 cm, bei Mädchen um 3-4 mm.
Hörbare Zeichen: Leichte Ermüdbarkeit der Stimme; die Stimme klingt belegt und mitunter heiser, weil die Stimmfalten gerötet und etwas angeschwollen sind; die Töne neigen zur Überluftung, weil die Stimmfalten nicht gut schließen; es besteht die Neigung zum Zutiefsingen; Schwinden von Tönen in der Höhe, dafür langsame Ausweitung der Stimme nach der Tiefe zu; allmähliches Absinken der Sprechtonlage um etwa eine Oktav bei den Knaben, um zwei bis drei Halbtonschritte bei den Mädchen.

Die Hauptphase dauert mindestens sechs Wochen, meist drei bis vier Monate. Während dieser Zeit ist b e s o n d e r e S t i m m - s c h o n u n g wichtig. Große Vorsicht ist auch bei den Mädchenstimmen geboten, wo die Mutation nicht so gut hörbar ist wie bei den Knabenstimmen. Auch bei den Mädchen klingen die Stimmen belegt, stark überluftet und ermüden leicht.

3. Die Postmutationsphase:
Das ist jene Zeit, in der die Knabenstimme wohl schon ihren männlichen Charakter angenommen hat, das Absinken zum Stillstand gekommen ist, die Stimme langsam an Umfang und Timbre gewinnt; trotzdem darf sie nur sehr vorsichtig eingesetzt werden. Die Stimme muß sich an ganz neue Töne, eine neue Klangfarbe und vor allem an neue Spannungsverhältnisse gewöhnen; auch gehörsmäßig will das verarbeitet sein. Die Atmung und der ganze Stimmechanismus müssen in ihre neuen Funktionen hineinwachsen.

Die Frage, ob während der Mutation, die Hauptphase eingeschlossen, gesungen werden soll, ist unbedingt zu bejahen. Die Singemuskulatur soll in Übung bleiben, sonst verkümmert sie letztlich und kollabiert. Die Regel soll heißen: Singen, aber mit großer Vorsicht!

Das bedeutet: Summübungen, kurze Tonreiheübungen im Terz- und Quintumfang in bequemer Lage, weiche Einsätze; die Übungszeit soll 15 Minuten nicht übersteigen, dafür soll eher öfter geübt werden.

Im Chor- und Klassengesang dürfen die Mutanten nicht forciert werden. Ihre Stimme soll den zur Zeit bequemen Umfang nicht übersteigen müssen. Am besten erfindet man für diese Mutanten eine eigene "Schonstimme" zu einem Lied, wobei sich Ostinati im Umfang einer Quint sehr gut eignen und gut einbauen lassen. Bei schwierigeren Aufgaben müssen die Mutanten während der Hauptphase ganz aus dem Chor genommen werden, doch soll unbedingt mit ihnen allein weitergearbeitet werden.

Die größten Fehler werden in der beginnenden Hauptphase der Mutation und in der Postmutationsphase gemacht: in der ersteren, weil es ein Chorleiter nicht übers Herz bringt, gerade jetzt, vor einem Konzert, vor einer Tournee auf die Stimme zu verzichten, wo es sich doch gerade um einen Stimmführer handelt; in der letzteren, weil der Chorleiter der irrigen Meinung ist, nun habe der Junge ja seine Männerstimme, er könne also wieder voll belastet werden. Dabei liegen die großen Gefahren für die jungen Männerstimmen vor allem darin, daß sie zu hoch eingesetzt und zu stark forciert werden. Zu Beginn der Postmutationsphase ist ein Umfang von B bis c' zu vertreten, der erst langsam auszuweiten ist. (Bei Tenorstimmen liegt der Umfang um zwei bis drei Halbtonschritte höher.) Durch die Forderung nach Lautstärke überschreitet die Bruststimme ihre natürliche Grenze. Ein längerer Mißbrauch führt zum Registerbruch. Der Zugang zur Höhe ist verbaut.

Eine große Gefahr liegt bei den jungen Stimmen selbst, die sich gerne in der neuen, so männlichen Lage kraftprotzerisch gebärden und die Stimme überbrusten. Viele Mädchen schrecken vor der neuen Klangfülle zurück und flüchten in den körperlosen Kopfton. Hier klug zu führen und auszugleichen, ist eine lohnende Aufgabe für jeden Chorleiter.

Wird die Stimme in der Mutationszeit nicht geschont, kann es zur sogenannten "unvollständigen Mutation" kommen, wobei die Stimme nicht um eine Oktav, sondern nur um 4-6 Halbtonschritte absinkt und so über längere Zeit verharrt. Das ergibt später fast immer die phonasthenische Stimme mit kleinem Umfang, Registerschäden, Überluftung, ohne Leuchtkraft und von leichter Ermüdbarkeit.

Als Anomalie gibt es den Fall der "verlängerten Mutation", wobei besonders das Hin- und Herschwanken der Stimme über lange Zeit, oft bis ins Mannesalter hinein anhält. Doch dafür sind hormonelle Gründe maßgebend.

Der Brummer

Wir alle kennen die Kinder - meist handelt es sich um Knaben, ihre Zahl nimmt in den letzten Jahren in erschreckender Weise zu -, die beim Klassengesang nicht fähig sind, die Tonhöhe der anderen abzunehmen. Sie sind oft auf einen Ton im Bereich ihrer Sprechtonlage fixiert und können davon nicht abrücken. Ein Höher oder Tiefer existiert für sie nicht; sie "brummen" alle Melodien in gleicher Art auf dem einen Ton, den sie beherrschen, vor sich hin.

Die Ursache für dieses Brummen liegt in 99% der Fälle in einer gestörten Koordination zwischen Gehör und Stimme. Unter den restlichen Prozentpunkt fallen die Kinder mit organischen Stimmschäden, die allerdings Fälle für den Arzt sind. Die fehlende Koordination zwischen Stimme und Gehör kann bei jedem einzelnen hergestellt werden.

Von zwei Ansatzpunkten muß dabei ausgegangen werden:
1. vom Gehör, d. h., daß das bewußte Hören geschult werden muß. Dazu eignen sich Übungen, wie Erkennen von höheren und tieferen Tönen, von Dur und Moll, von Halb- und Ganztonschritten, später von Intervallen usw. Spaß macht den Kindern das Fehlersuchen: Eine kleine Tonfolge wird zweimal hintereinander gespielt,

wobei beim zweitenmal ein Ton abgeändert wird. Er ist herauszuhören.

2. von der Stimme: Der Brummer hat nie erfahren, daß sein Stimmapparat auch andere Töne erzeugen kann. Bei jedem: "Sing' höher!" beschert er uns den gleichen Ton. Die Lösung des Problems muß von einer anderen Seite versucht werden.

Besten Erfolg hatte ich immer mit dem "Heulspiel".

Übung 164: "Heulspiel"
Handelnde Personen: Ich - als großer Hund
                      Der Brummer - als kleiner Hund
                      Ein Mitschüler - als Vollmond
Ich: "Paß auf! Ich bin der große Hund, du bist ein kleiner Hund. Es ist Nacht, der Vollmond geht auf. (Der Mitschüler steigt auf einen Stuhl. Nicht den dicksten Mitschüler auswählen und diesen damit dem Gelächter preisgeben!) Wir fürchten uns und fangen zu heulen an."
Darauf beginnen wir beide, um die Wette den Mond anzuheulen, in langgezogenen Glissandi auf- und abwärts. Das gelingt fast immer; er ist ja Hund und nicht "Singender".

Ich: "Jetzt heulen wir nochmals los. Wenn der Mond sein Gesicht verzieht, halten wir auf dem Ton an, den wir gerade erreicht haben, und heulen auf dem einen Ton weiter."

So halten wir gemeinsam auf verschiedenen Tonhöhen an.
Darauf ich: "Ist ja herrlich! Der kleine Hund kann ja auch andere Töne produzieren! Fabelhaft machst du das!"

Meist ist der Umfang des Heulens zu Beginn nicht sehr groß, wird aber mit zunehmender Gewandtheit des "kleinen Hundes" bald beachtlich. Nun gehen wir vom Spiel zum Ernst über. Der Mond darf untergehen. Wir gehen auf die Sprechtonlage des Brummers zurück, begrenzen durch eine bestimmte Tonhöhe das Aufwärtsheulen, heulen innerhalb bestimmter Intervalle, geben schließlich das Heulen auf, singen Tonstufen und - haben gewonnen! Oft werden diese kurierten Brummer später die eifrigsten und begeistertsten Sänger, freilich nicht die besten. In einigen wenigen Fällen gelingt auch das Heulen nicht auf Anhieb. Dann heult eben zunächst der große Hund allein und fordert den kleinen Hund zum Ausspotten auf. Nachäffen hilft immer.

Diese "Therapie" kann natürlich in Pausen, vor oder nach dem Unterricht allein mit dem Brummer ablaufen. Nach meiner Erfahrung kommt sie ungleich besser an, wenn das Spiel vor der Klasse abläuft. Natürlich muß vorerst die Klasse darüber aufgeklärt werden, daß es so etwas eben gibt, was die Ursache ist und daß der Junge sicher noch nie gesungen hat; daß es so ähnlich ist wie bei einer Türangel, die zehn Jahre lang nicht betätigt worden ist: auch die bewegt sich zunächst nicht, weil sie eingerostet ist, bis ich mit Öl komme und sie langsam wieder zum Funktionieren bringe.

Da ich als Lehrer mitspiele, ziehe ich als großer Hund die Lacher auf mich ab, auch der Vollmond zieht einen Teil ab. Es war meist so, daß die Klasse durch ihren Beifall, wenn dem kleinen Hund etwas gelang, diesen ungeheuer anspornte. Es kam dann höchstens in die nächste Sprechstunde eine alterierte Mutter: "Herr Professor, bitte sagens dem Franzl, er soll mit der Heulerei daheim aufhören. Er heult den ganzen Tag, und wir haben eine Wohnung mit so dünne Wänd'; wir kriegen die Kündigung! Wenn wir ihm etwas sagen, dann sagt er, er muß besser heulen können als der große Hund!"

Gegen Ende des Schuljahres ist jeder so weit, daß er richtig im Klassengesang mitsingen kann. Eine zweite Stimme halten wird er allerdings noch länger nicht können. Das ist Sache der Entwicklung und Disposition seines Gehörs.

Daß dieses "Heulspiel" höchstens noch mit Elf- oder Zwölfjährigen exekutiert werden kann, muß nicht eigens betont werden. Mit älteren Schülern muß unbedingt a l l e i n gearbeitet werden, aber auch da von beiden Ansatzpunkten: Gehör und Stimme.

Stimmhygiene - Stimmerkrankungen

Jeder Chorleiter und Musikerzieher ist bis zu einem gewissen Grad für die Gesundheit der ihm anvertrauten Stimmen verantwortlich. Er hat dafür zu sorgen, daß Mängel in Haltung, Atmung, Sprech- und Singstimme behoben werden. Er hat die Stimme zu betreuen, was nur möglich ist, wenn er in regelmäßigen Abständen Einzelüberprüfungen durchführt.
Diese Komponente der S t i m m b e t r e u u n g kommt vielfach zu kurz. Gute Stimmen werden mit offenen Armen aufgenommen, ausgenützt, verheizt und schließlich, entspricht die Leistung nicht mehr den Anforderungen, "mit Bedauern" aus dem Chor entfernt. Das ist verantwortungslos.
Von dem singenden Laien darf das Wissen um stimmtechnische und stimmhygienische Probleme nicht vorausgesetzt werden. Der Chorleiter muß darüber Bescheid wissen. Weiß er es nicht, dann hat er sich dieses Wissen unbedingt anzueignen. Jeder Chorleiter sollte eine gewisse Zeitspanne hindurch bei einem Stimmbildner Unterricht gehabt haben. Ist das nicht möglich, gibt es genug Kurse mit Stimmbildung, auf denen er sich das grundlegende Wissen aneignen kann.

Durch die Übungen zur richtigen Haltung und das Üben des Stimm-
und Atemapparats wird nicht nur die sängerische Leistung gehoben,
sondern der ganze Körper wird abgehärtet und gesund erhalten.

Es ist falsch, durch zu große Vorsicht, Angst vor jedem Luftzug und
Schweigen oder leises Sprechen zwecks Stimmschonung seinen Körper und die Stimme zu verweichlichen. Vernünftig leben und viel
Bewegung in frischer Luft sind noch immer die besten Rezepte zur
Gesunderhaltung. Bei Erkältungen, die die Kehle erfaßt haben,
ist das Singen unbedingt einzustellen. Ein Singen mit geröteten, ge-
schwollenen Stimmfalten kann die unangenehmsten Folgen haben: von
langdauernder Heiserkeit bis zu Stimmbandknötchen. Hier geschehen
in Chorkreisen die schwerwiegendsten Fehler. Um eine gute Stimme
bei einem Konzert nicht entbehren zu müssen, wird diese Stimme
womöglich für ihr ganzes Leben geschädigt. Unverantwortlich! Erst
wenn die Schluckbeschwerden abgeklungen sind, soll mit leichten
Summübungen und Tonreihen im p, von der Mittellage ausgehend,
wieder begonnen werden.

Vorsicht geboten ist bei Frauen und Mädchen während der Menses.
An den Haupttagen werden die Stimmfalten stärker durchblutet,
schwellen leicht an, die Töne sind überluftet. Dabei schwanken die
Erscheinungen sehr stark von: "Kaum zu bemerken" bis zu größten
Schwierigkeiten mit dem Stimmbandschluß. In den letzteren Fällen
ist das Singen während dieser Tage ganz einzustellen; auf jeden Fall
ist Schonung geboten.

Jeder Chorleiter soll seine Sänger davon in Kenntnis setzen, daß es
Medikamente gibt, die dem Singen abträglich sind und solche,
die das Stimmorgan schädigen. Ich kann hier nur die wesentlichsten
und gefährlichsten anführen:
Anabolica führen Schwellungen in den Stimmfalten herbei, die
meist irreversibel sind;
Hormonpräparate führen zu einer Veränderung innerhalb der
Struktur der Stimmfalten. Es kommt dabei zu Schwellungen, die zum
Teil reversibel, zum Teil auch irreversibel sein können;
Codeinhaltige Präparate hemmen die Tätigkeit der Speichel-
drüsen, wodurch es zu Trockenheit im Stimmapparat kommt;
Antibiotica können Veränderungen in der Sekretion herbeiführen,
was sich ebenfalls in zu großer Trockenheit des Stimmapparats
äußert.
Schädlich ist sicher übermäßiger Nikotingenuß. Hat sich einmal
ein Raucherkatarrh eingestellt, ist es um die sängerische Leistung
nicht mehr gut bestellt.

Vorsicht mit kalten Getränken nach dem Singen! Der ganze Gesangs-
organismus ist durch die lange Betätigung warmgelaufen. Wird dann

kalt getrunken, kann es leicht zu lästigen, oft langdauernden Katarrhen kommen.

Bei den Erkrankungen will ich von den Erkältungskrankheiten absehen und mich nur auf die häufigsten krankhaften Veränderungen im Stimmmuskel beschränken:
A r b e i t s h y p e r ä m i e ist eigentlich die ganz normale, durch stärkere Durchblutung bei Belastung auftretende Rosafärbung der Stimmfalten. Bei Überanstrengung schwellen die Stimmfalten stark an und sind intensiv gerötet; Heiserkeit stellt sich ein, die bis zu völliger Stimmlosigkeit führen kann. Dabei gibt es sonst keine akute Erkrankung, wie Halsentzündung oder katarrhalische Affekte. Es ist einfach eine Ü b e r b e a n s p r u c h u n g d e s S t i m m a p p a r a t s , meist ausgelöst durch falsche Singtechnik. Behandlung: zunächst völlige Stimmruhe (auch nicht sprechen!), möglichst oft während des Tages leichtes Summen in Sprechtonlage auf m, n, ng, w, l, s (stimmhaft). Nach und nach kann der Umfang ausgeweitet werden, leichte Glissandi können dazutreten. Meist klingen die Erscheinungen bald wieder ab, wenn die Stimme nicht belastet wird.

I n t e r n u s - und T r a n s v e r s u s s c h w ä c h e ist eine Schwäche der Muskulatur, die für den Stimmbandschluß verantwortlich ist. Dabei ist der Internus der eigentliche Stimmlippenmuskel, der Transversus ein Muskel, der durch Verschiebungen im Knorpelgerüst des Kehlkopfs (die Stellknorpel werden zusammengezogen) für das Schließen der Stimmfalten verantwortlich ist. Merkmal ist eine mehr oder minder starke Überluftung des Tons, manchmal nur in einem bestimmten Tonbereich, manchmal sich über den ganzen Bereich des Stimmumfangs erstreckend. Diese Überluftung bewirkt eine dauernde Reizung der Stimmfalten, die darauf durch stärkere Sekretion reagieren, was ein öfteres Räuspern zur Folge hat.

Behandlung: Übungen für einen guten Stimmbandschluß siehe Seite 68. Wenn alle Übungen nichts fruchten, muß ein guter Stimmarzt konsultiert werden. Doch auch neben seiner Therapie sollen unbedingt die einschlägigen Übungen gemacht werden.

S t i m m b a n d k n ö t c h e n sind kleine, gutartige Wucherungen an den freien Rändern der Stimmfalten.

Erkennungszeichen: Belegte, in manchen Lagen heisere Stimme, Reiz zu dauerndem Räuspern, verstärkte Schleimabsonderung, Detonieren, schließlich Stimmlosigkeit über einen Teil des Stimmumfangs.

Ursachen: Überanstrengung des Stimmapparats durch Singen trotz schwerer Erkältung oder starker Übermüdung; falsche Sing- oder Sprechtechnik durch ausschließliche Verwendung von harten Stimmeinsätzen und Singen unter vermehrtem Luftdruck.

Behandlung: Unbedingt sofort äußerste Stimmschonung. Im Anfangs-
stadium helfen leichte Summübungen und kurze Glissandi mit ganz
entspannt produzierten Klingern und das Üben weicher Einsätze. In
fortgeschrittenem Stadium hilft nur mehr operative Entfernung. Danach muß die Fehlerquelle unbedingt beseitigt werden, weil sich
sonst in kurzer Zeit wieder Knötchen bilden können.

Wichtig ist die Frage: Wie kann die Bildung von Knötchen von vorn-
herein verhindert werden? Zunächst durch gute Stimmtechnik (vor
allem im Atemgebiet), durch Pausieren bei starken Erkältungen und
Schonung bei längerdauernden katarrhalischen Erkältungen, durch
Ausnützen jeder Entspannungsmöglichkeit der Stimmuskulatur (nach
großen Anstrengungen Lockerungsübungen, nach längerem Singen
in der Höhe Summübungen in tieferen Lagen usw.).

Nicht zu den akuten Erkrankungen, wohl aber zu den lästigen Erscheinungen zählt das übermäßige Tremolo. Die Ursache ist
eine gestörte Tätigkeit der Stimmlippen. Die Gründe dafür können
vielfältig sein: ein allgemeiner Alterungsprozeß der Stimme,
schwere Verspannungen im Atem- oder Zwerchfellbereich, Fehlen einer genügenden Stütze, psychische Ursachen und Erkrankungen des Nervensystems. Meist liegt der Fehler im Atemgebiet und
ist von dort her zu reparieren. Es erfordert allerdings viel Erfahrung, um die richtige Ursache zu finden.

Zur Frage der Stimmbildung für avantgardistische
Musik

Immer wieder wird an den Verfasser die Bitte herangetragen, einmal einen Stimmbildungskurs für zeitgenössische, avantgardistische
Musik zu machen. Ich muß ablehnen, weil es Stimmbildung für avantgardistische Musik einfach nicht gibt, genauso wenig wie es Stimmbildung für klassische oder romantische Musik gibt. Es gibt nur die
profunde Ausbildung einer Singstimme; diese wird dann
allen Anforderungen gewachsen sein, die an sie gestellt werden, eben
auch jenen, die die avantgardistische Musik an sie stellt.

Eines allerdings sei klargestellt: Es ist falsch, wenn manche Chorleiter meinen, der stimmtechnische Status des Chors reiche nicht
für eine Bach-Kantate, wohl aber für Werke der Avantgarde.

Die Anforderungen, die einzelne Richtungen der zeitgenössischen
Vokalmusik an den Chorsänger stellen, sind gewaltig: das oft ge-
forderte Singen in extremen Lagen und Tonstärken, die raschen La-
genwechsel über große Distanzen, die jähen Impulse, das Schreien
und laute Sprechen in ungewohnten Tonhöhen, das Nachahmen vielfäl-
tigster Geräusche und Laute, das alles erfordert eine profundere

- aber keine spezielle - Stimmtechnik als die meisten Werke der älteren Chorliteratur, sonst gehen die Stimmen unweigerlich zugrunde. Das Zwerchfell und die Atemmuskulatur müssen elastisch und gut innerviert sein, die Atmung muß in Ordnung sein, damit die Kehle ohne falschen Druck arbeiten kann. Besonderes Augenmerk ist auf die richtige Artikulation und die Resonanzarbeit zu legen. Ist der Apparat in Ordnung, schaden ihm auch größere Anforderungen nicht!

Daher ergibt sich für den Chorleiter, der sich für Werke der Avantgarde entscheidet, die Notwendigkeit: Z u e r s t d e m C h o r d a s s t i m m t e c h n i s c h e R ü s t z e u g m i t g e b e n !

SACHREGISTER

Ich gehe dabei bewußt davon ab, alle Seiten anzugeben, auf denen ein bestimmter Begriff genannt wird. Wörter, wie "Zwerchfell", "Ansatzrohr" oder "Atmung" kommen sicher dutzende Male vor. Interessant für den Leser ist in diesem Falle aber nur die Seite, auf der der Begriff näher erläutert wird, und diese ist angegeben.

Für die graphische Gestaltung der Illustrationen zu den Übungen danke ich meiner lieben Frau.

Folgende Ausgaben dienten als Vorlage für:

Abb. 3   Parow: Funktionelle Atmungstherapie, 2. neubearbeitete Auflage, Thieme, Stuttgart 1963.

Abb. 4   Neugebauer: Orthopädische Maßnahmen gegen Haltungsschäden im Schulalter, in: Österreichische Ärztezeitung, Heft 11, Wien 1971.

Abb. 26   Sparber: Stimmbildung. Ein Übungsbuch zu Korda/Nemetz - Fiedler/Wieninger: Wir lernen Musik. Doblinger, Wien 1963.

Die Abb. 1, 20, 21, 22, 23, 24 und 25 sind entnommen aus Husler/Rodd-Marling: Singen. Die physische Natur des Stimmorgans, Schott, Mainz 1965; 2. Auflage 1978.

Die meisten Übungen zur Körperhaltung verdanke ich der Anregung von Frau Prof. Hilde Langer-Rühl, der Leiterin des Lehrgangs für Atem-, Stimm- und Bewegungserziehung an der Musikhochschule in Wien.

Die Übungen mit Intention verdanke ich der Lektüre von Coblenzer/Muhar: Atem und Stimme. Österreichischer Bundesverlag, Wien 1976,

die Übungen Nr. 162 und 163 Herrn Klaus Knubben, dem Leiter der Rottweiler Münstersängerknaben.

Die Übungen 89, 107, 121, 135 stammen - mündlich überliefert - von Herrn Prof. F. Großmann.

Die Übung 128 stammt aus Sparber: Stimmbildung (zit. s. o. unter Abb. 26).

Viele Anregungen verdanke ich meinem seinerzeitigen Unterricht bei Herrn Prof. H. Gillesberger, dem derzeit künstlerischen Leiter der Wiener Sängerknaben.

LITERATURANGABEN

Baum, Günther:	Abriß der Stimmphysiologie. Schott, Mainz 1972.
Coblenzer, Horst/ Muhar, Franz:	Atem und Stimme. Österreichischer Bundesverlag, Wien 1976.
Ehmann, Wilhelm:	Die Chorführung I und II. 4. Aufl., Bärenreiter, Kassel 1964.
Greiner, Albert:	Stimmbildung. Schott, Mainz 1938.
Husler, Frederick/ Rodd-Marling, Yvonne:	Singen. Die physische Natur des Stimmorgans. Schott, Mainz 1965; 2. Aufl. 1978 (dazu Schallplatte Schott-Wergo T 202).
Lohmann, Paul:	Stimmfehler und Stimmberatung. Schott, Mainz 1964.
Luchsinger, Richard/ Arnold, G. E.:	Die Stimme und ihre Störungen. 3. Aufl., Springer, Wien 1970.
Martienßen-Lohmann, Franziska:	Der wissende Sänger. Atlantis, Zürich 1956.
Martienßen-Lohmann, Franziska:	Ausbildung der Gesangsstimme. Erdmann, Wiesbaden 1957.
Neugebauer, Dr. H.:	Wachstum und Haltung. in: Österreichische Ärztezeitung, Heft 19, Wien 1972.
Neugebauer, Dr. H.:	Orthopädische Maßnahmen gegen Haltungs- schäden im Schulalter. in: Österreichische Ärztezeitung, Heft 11, Wien 1971.
Nitsche, Paul:	Die Pflege der Kinder- und Jugendstimme I und II. Schott, Mainz 1969, 1970.
Parow, Julius:	Funktionelle Atmungstherapie. 2. neubearb. Aufl., Thieme, Stuttgart 1963.
Riesch, Anneliese:	Lebendige Stimme. Stimmbildung für Sprache und Gesang. Schott, Mainz 1972.

Schlaffhorst, Clara/ Andersen, Hedwig:	Atmung und Stimme. Neu hrsg. v. W. Menzel. Möseler, Wolfenbüttel 1950.
Schneider, Walter:	Einsingen im Chor. Peters, Frankfurt 1972.
Sparber, Margarete:	Die Mutation. in: Musikerziehung, Jg. 23, Heft 4, Österreichischer Bundesverlag, Wien 1970.
Sparber, Margarete:	Stimmbildung. Ein Übungsbuch zu: Korda/Nemetz - Fiedler/Wieninger: Wir lernen Musik. Doblinger, Wien 1963.
Stampa, Aribert:	Atem, Sprache und Gesang. Bärenreiter, Kassel 1956.
Thomas, Kurt:	Lehrbuch der Chorleitung. 16. Aufl., Breitkopf und Härtel, Wiesbaden 1970.

NOTIZEN

NOTIZEN

NOTIZEN